本书获得了国家自然科学基金面上项目"全媒体政务舆情识别预警机制、传播演化机理及回应引导模式研究"（项目批准号：71974182）、"面向政府治理现代化的政务舆情信息萃取、价值发现及辅助决策研究"（项目批准号：72374191），以及中国科学院青年创新促进会、国家高层次人才计划相关项目资助。

U0722688

政务舆情研究
理论与实践

王光辉　刘　霞　李少波　著

电子工业出版社·
Publishing House of Electronics Industry
北京·BEIJING

图书在版编目（CIP）数据

政务舆情研究：理论与实践 / 王光辉，刘霞，李少波著 . -- 北京 : 电子工业出版社，2025. 6. -- ISBN 978-7-121-50198-2

Ⅰ．D523-39

中国国家版本馆 CIP 数据核字第 2025K05J79 号

责任编辑：缪晓红

印　　刷：山东华立印务有限公司

装　　订：山东华立印务有限公司

出版发行：电子工业出版社

　　　　　北京市海淀区万寿路 173 信箱　　邮编：100036

开　　本：720×1 000　1/16　印张：13.5　字数：259 千字

版　　次：2025 年 6 月第 1 版

印　　次：2025 年 6 月第 1 次印刷

定　　价：108.00 元

凡所购买电子工业出版社图书有缺损问题，请向购买书店调换。若书店售缺，请与本社发行部联系，联系及邮购电话：（010）88254888，88258888。

质量投诉请发邮件至 zlts@phei.com.cn，盗版侵权举报请发邮件至 dbqq@phei.com.cn。

本书咨询联系方式：010-88254760，mxh@phei.com.cn。

序　言

近年来，随着互联网技术的迅猛发展和社交媒体的广泛普及，政务舆情的传播模式、演化规律及社会影响发生了深刻变革。政务舆情的生成与扩散不再局限于传统媒体的线性传播，而呈现出多源触发、裂变传播、虚实交互的复杂特征。在此背景下，如何科学认知政务舆情的内在机理，如何构建有效的监测预警与引导干预体系，已成为政府治理现代化进程中亟待解决的关键问题。

《政务舆情研究：理论与实践》一书正是基于这一时代需求，从理论探索与实践应用的双重视角，系统性地剖析了政务舆情的传播规律与治理路径。本书作者深耕舆情领域研究多年，既有扎实的理论功底，又积累了丰富的实证经验，不仅梳理了政务舆情的基本概念、特征及研究现状，更通过多维网络建模、仿真模拟、案例剖析等方法，揭示了政务舆情传播的内在机制，提出了具有可操作性的政策建议。

通览全书，我认为本书具有以下几个特点。

一是理论体系完整，研究逻辑清晰。本书从政务舆情的内涵与特征出发，结合数宇媒体时代的信息传播特点，构建了涵盖影响因素、话题识别、传播演化、监测预警及引导干预的全链条研究框架。在"理论篇"中，作者创新性地提出了多维网络链路预测算法与舆情传播最优控制模型，为政务舆情的量化分析提供了科学工具，体现了学科研究的深度融合。

二是研究方法先进，实证支撑扎实。本书不仅注重理论模型的构建，更强调基于真实数据的实证检验。作者选取微博等社交媒体平台的海量数据，结合典型案例，对政务舆情的传播路径、演化趋势及干预效果进行了深入分析。这种"理论—技术—实践"的研究范式，既增强了结论的可信度，也为后续研究提供了可复现的方法论参考。

三是实践导向鲜明，政策价值突出。在"实践篇"中，作者聚焦科技创新、社会民生、政府管理、重大事故、公共卫生五大领域的典型舆情案例，系统总结了不同情境下的舆情演化规律与治理策略。这些案例既反映了当前政务舆情的主要热点，也为政府部门提供了可借鉴的应对方案，具有较强的现实指导意义。

政务舆情治理是国家治理体系和治理能力现代化的重要组成部分。在信息爆炸的时代，舆情的快速传播与放大效应使得政府的应对窗口期大幅缩短，传统的"事后应对"模式已难以适应新形势。作为长期关注数据科学与管理决策的研究者，我非常欣喜地看到本书的出版。希望本书不仅能为学界和实务部门提供宝贵的理论工具与实践指南，也能推动更多学者和决策者关注政务舆情治理这一重要议题，共同探索更加科学、高效的舆情管理之道。

是为序。

徐宗本

中国科学院院士

西安交通大学教授

2025 年 3 月

前　言

随着互联网技术的迭代演进，网络空间已成为现代社会治理的核心场域。在数字化转型背景下，作为连接政府与公众的关键纽带，政务舆情在生成逻辑、传播路径与社会影响等方面均呈现出前所未有的复杂性。数据显示，截至 2025 年，全球互联网用户规模预计突破 65 亿大关，中国互联网用户数量稳居世界第一。数字文明的纵深发展不仅重塑了公众对舆论信息的获取范式、参与模式和价值认知体系，更推动了政务舆情从传统的单向"政策宣传贯彻"向多方主体动态博弈的"数字公共领域"转型。

政务舆情的新特征集中表现为三个维度：一是传播载体的融合化，传统媒体、社交媒体与新兴媒介深度耦合，形成"全时全域"传播网络；二是参与主体的多元化，政府部门、媒体机构、意见领袖与网民的多元话语交织，加剧政务舆情演化的不确定性；三是影响后果的现实化，虚拟空间的情绪集聚可快速转化为线下公众的群体行为，形成"数字蝴蝶效应"。面对挑战，各国纷纷构建数字化治理框架：美国于 2019 年 12 月提出《联邦数据战略和 2020 年行动计划》以推进政府服务数字化；欧盟于 2022 年颁布《数字服务法案》规范在线平台责任；新加坡于 2024 年推出"智慧国 2.0 计划"实现政民实时互动。

2023 年，国务院印发《数字中国建设整体布局规划》，提出"2522"框架，强调深入开展网络生态治理工作，推进"清朗""净网"系列专项行动，创新推进网络文明建设。党的二十届三中全会明确提出"健全网络综合治理体系"，为构建更加符合信息时代特征的文化治理体系提供了根本遵循。由此可见，强化网络内容建设与管理，提升政务舆情引导能力成为筑牢意识形态安全屏障、助力数字中国高质量发展的重要抓手。

本书立足"数字中国"建设实践，以"理论—技术—实践"三重维度为框架构建"三位一体"研究体系。全书分为三篇，共十三章。第一篇"概述篇"从政务舆情的内涵与特征出发，结合融媒体时代的背景，探讨了传统媒体、网络媒体和社交媒体对政务舆情的影响，并对国内外相关研究进行综述。第二篇"理论篇"深入分析了政务舆情传播的影响因素、话题识别、传播演化、监测预警及政务舆情危机的引导与干预，结合实证研究，提出了多维网络链路预测算法与舆情传播最优控制模型，为政务舆情的科学分析提供了理论支撑。第三篇"实践篇"通过科技创新、社会民生、政府管理、重大事故和公共卫生等领域的典型案例分析，系统总结了不同领域政务舆情的治理机制和应对策略，以期为政府部门的舆情引导提供精准化的实践参考。

政务舆情治理的本质，是数字时代政府公信力的重构过程。本书的创作旨在为读者提供一套系统化、科学化的政务舆情研究理论框架和实践指南。作者依托国家自然科学基金面上项目"全媒体政务舆情识别预警机制、传播演化机理及回应引导模式研究"（项目批准号：71974182）、"面向政府治理现代化的政务舆情信息萃取、价值发现及辅助决策研究"（项目批准号：72374191），以及中国科学院青年创新促进会、国家高层次人才计划相关项目的相关研究成果，结合实证数据和案例分析，力求在理论与实践之间搭建桥梁。本书不仅适合政府部门的管理者和从事舆情研究的学者阅读，也可作为高校相关专业学生的参考教材。希望本书能为政务舆情研究和实践提供有益的参考，助力政府在数字化时代更好地应对舆情挑战，提升社会治理能力。

由于作者研究视野与实践场景的局限性，本书难免会有不足和疏漏，恳请广大读者批评指正。

王光辉

2025 年 3 月

目　录

第二篇 理论篇

第一篇　概述篇

第 1 章

政务舆情的内涵与特征

1.1 政务舆情的内涵

1.1.1 政务舆情的概念

1. 舆论与舆情

"舆论"的概念可以从"舆"与"论"的本义演变获得。"舆"最早指的是车，春秋末期逐渐演绎为轿，随后其内涵进一步扩展，演变为"普通民众"的代称。"论"则泛指意见、观点和看法。"舆"和"论"两个字组合在一起，指普通民众的意见或言论。"舆论"第一次完整地出现在《三国志·魏书·王朗传》中，"惧彼舆论未畅者"，表示"民众的言论或意见"。"舆论"的英文翻译为"Public Opinion"，希腊哲学家亚里士多德（Aristotle）曾在《政治学》一书中提到"民众意见"；《大英百科全书》中，对"Public Opinion"一词的解释是，特定社区或群体对个体就某一特定的看法、态度和理念的整体表达。

由于观察舆论的角度不同，各学科对舆论的解释也不尽相同。政治学和历史学强调舆论对于决策的影响；社会学关注舆论的社会化过程；社会心理学则从认知角度界定舆论。上述学科虽然从不同的视角对舆论的基本内涵进行了阐述，但学界尚未形成统一的认识，目前主要有以下 3 种代表性观点：第一种观点认为，舆论显示社会集合意识或整体知觉，可权威地表达多数人的共同意见；第二种观点认为，舆论是民众对近期发生的争议性社会问题所持有的共同意见、态度；第三种观点认为，舆论是民众对其关心的社会现象、突发事件、公共观念的信念、态度和意见的总和。舆论通常具有一定的一致性、强烈性和持续性，其对有关事态的发展具有影响。

舆情在中国古代就已经出现了。五代南唐诗人李中在《献乔侍郎》中提出"格论思名士，舆情渴直臣"，"舆情"一词为后人所知，指"民众的意愿"。"舆情"与"舆论"、"民意"等概念具有相近词义的解释，英文词汇"Public Opinion"解释中也出现了"舆论""舆情""民意"三个概念通用的既定事实，给舆情概念的辨析增添了复杂因素。广义的舆情与舆论没有本质差别，王来华等人认为舆情是一个狭义概念，由主体、客体、空间和中介性社会事项组成，舆情是一种社会政治态度。张克生则扩展了舆情的狭义概念，认为舆情是社会客观情况和民众的主观意愿，简称"社情民意"。

本书认为，讨论舆情必然与舆论联系起来，不能简单地把舆情等同于舆论，或者等同于社情民意，也不能把舆情与舆论完全割裂开来，应该将"舆情"在传统词义的基础上进行狭义化界定。舆论和舆情应该是一对从属概念，舆论包含了舆情。

2．政务舆情

政务一般指行政事务。《后汉书·班固传》中记载，"京兆督邮郭基，孝行著於州里，经学称於师门，政务之绩，绝异之效"，文中出现了"政务"字样。梁启超在《中国改革财政私案》中提到，"凡百政务皆然，而财政亦犹是也"。当前"万众皆媒"格局带来舆情事件的频发，其中民众对政务相关事件所持有的态度和意愿，受到现代政府的格外关注。政务舆情专门指在一定的社会空间内，围绕与政府相关的中介性社会事件的发生、发展和变化，作为主体的民众对客体社会事件及其政府回应所持有的社会态度的总和。政务舆情是一种狭义的舆情，中介性社会事件特指与政府相关的社会事件，政务舆情是现代社会舆情应对的重点方向，民众舆论对与政府相关的社会事件的解读，既有正解，也有偏见，既有理性，也有感性，既可能在民众中自然生成，也可能被刻意营造，需要对政务舆情的特征进行专门讨论。

1.1.2　政务舆情的要素

政务舆情涉及的要素包括民众、社会事件、政府、意见或情绪反应、传播工具。

1．民众

民众是政务舆情的主体。民众既包括现实的民众，也包括网络社会的民众（"网民"）。两种类型的民众是民众主体在不同时空的不同身份呈现，其规模庞大且是一个整体性概念。当然，民众不是一个均值的人群，其受教育水平、社会认知、社会阶层等均具有一定差异，而不同民众在政务舆情中的影响力也不同。

2．社会事件

社会事件是引发政务舆情的一般客体。舆情的客体是舆情的具体指向，是政务舆情中引发民众舆情的中介性事件。一方面，政务舆情的社会事件突出在政务领域，是与政府相关的社会事件，舆情中体育、娱乐及公共人物、私营企业或具体个人事件引发的舆情不属于政务舆情。但是，引发政务舆情的社会事件不仅指政府及其相关人员引发的社会事件，一些民事事件由于社会影响范围过大或政府相关部门处置失当而造成衍生后果，进而需要政府介入的舆情事件也是政务舆情事件。另一方面，社会事件一般是民众关心的社会事件，可能与民众的切身利益直接或间接相关，或者不相关，但是有违社会道德、价值观等共识，从而引发民众关注。

3. 政府

各级政府及其相关职能部门是政务舆情的另一主体。这里的政府可能是中央政府或地方政府（包括各级党组织、事业单位），也可以是政府部门（包括各级党组织、事业单位）中的工作人员，甚至可能是社会事件中其他的社会相关主体，比如，民众也会针对国有企业相关的社会事件阐述对政府的意见与态度。党政机关及其工作人员在与民众的关系中可以统一称为"政府"。一方面，政府是政务舆情中介性社会事件的直接关联者，是社会事件的直接关联主体。另一方面，政府也是舆情引导的重要主体，通过针对社会事件的回应、处理、引导，直接影响政务舆情的传播状况及社会影响。

4. 意见或情绪反应

民众群体性的意见、意愿、态度、要求及情绪的总和是政务舆情的本体，是政务舆情的核心构件。一方面，政务舆情具有一般舆情的本质特质，是认知、态度、情感和行为倾向的集合，认知是情感与情绪产生的基础，态度、情感及行为倾向则是情绪的结果，民众的情绪在民众认知与民众行为倾向之间直接起到承前启后的中间作用。另一方面，政务舆情必须体现政务特质，是民众对与政府相关事件的认知、情绪、意见或行为倾向的集合，是一种政治态度。

5. 传播工具

传播工具是政务舆情传播的中间媒介与载体。政务舆情的传播工具不仅包括传播的硬载体（报纸、杂志），也包括软载体，主要是基于电视、广播、网络的"线上"传播形式。具体来说，政务舆情的传播工具包括报纸、杂志、电视、广播，以及近年来基于互联网的网站、抖音、微博、微信、博客、社交网络（SNS）、播客、内容社区、网络论坛（BBS）、即时通信工具、直播平台等社会化媒体。传播工具的形式能够影响舆情发展。在原有的政务舆情中，依托电视、报纸、广播等新闻媒体发展的舆情非常强势，是政务舆情的主要形式。依托互联网发展起来的网络舆情迅速成为现阶段政务舆情运行的主要形式，政务舆情的传播速度比传统媒体更快、更复杂。

1.1.3　政务舆情内容涉及的角度

政务舆情体现民众对与政府相关的社会事件及其回应所持有的态度，涉及政治、经济、文化、社会、民族宗教、重大事故与突发性公共危机等方面，所有与政府相关的社会事件引发的社会舆情均可以作为政务舆情涉及的角度。

1．政治舆情

政治舆情主要指涉及国家政策、法规、重大政治活动、政治性事件等方面的舆情。这类舆情体现了不同社会利益群体的社会政治态度，直接关乎国家政治决策。汇集这类舆情对于全面把握社会动态，促进政治改革具有重要意义。

2．经济舆情

经济舆情主要指涉及经济领域的舆情，包括经济政策、经济活动、经济现象、经济事件等。随着我国进入经济发展的转型期，这类舆情日益增多，经济问题成为民众关心的焦点，这就要求决策者对各阶层的利益诉求保持深入了解，及时掌握这方面的舆情。例如，房地产是经久不衰的经济话题，对此类问题的讨论形成经济舆情。

3．文化舆情

文化舆情主要指涉及文化、艺术和思想领域的舆情。当前，民众的精神文化需求日益增长，中西方文化碰撞激烈，社会文化日益丰富，新现象层出不穷。及时掌握这方面的舆情，有利于做好意识形态和文化宣传工作。

4．社会舆情

社会舆情主要指涉及公共生活领域的各种社会实践、社会现象和社会问题等方面的社情民意。新时期我国社会矛盾凸显，就业、社保、入学等重大社会热点、难点问题，既是人民群众普遍关心的问题，也是影响社会和谐的重大问题。

5．民族宗教舆情

民族宗教舆情主要指与民族宗教相关，涉及国家安全、民族团结、社会稳定等紧要问题相关的事件舆情。民族宗教事件发生后，其网络舆情通常异常活跃。

民族宗教相关人员的情绪、态度在持续酝酿的过程中，极易引发民族宗教安全问题。

6. 重大事故与突发性公共危机舆情

重大事故与突发性公共危机舆情主要指与重大自然灾害、突发事故灾难、公共安全等相关的事件舆情。此类事件具有公共性、紧迫性、破坏性和不确定性，舆情的蔓延往往随着事件的发生具有关注度高、易失控等特点，极易产生严重的社会管理和治安问题。

1.2 政务舆情的基本特征

1.2.1 政务舆情要素的特征

1. 民众与舆情传播工具的复杂化

作为舆情主体的民众呈现复杂化。民众的社会阶层、年龄、受教育程度、工作及收入、社会认知、个人所处的环境等均可能悬殊甚大、良莠不齐，尤其是不同民众在政务舆情中扮演的角色、发挥的作用和影响力也有所不同。民众中存在着具有特殊和深刻影响力的"舆情领袖"或"意见领袖"，他们受过良好教育、关注社会政治热点，表达的观点能够影响普通的民众。民众中更多的是普通民众，当然也存在不大关心自身以外事情的民众，其中普通民众的社会认知容易受到网络"意见领袖"的影响。舆情的传播工具也具有复杂化的特征。传统的舆情传播工具包括报纸刊物、广播、电视等，新媒体如互联网、移动终端、社交软件等在当前舆情传播中的作用更大，个人计算机、平板计算机、移动终端等媒介工具的普及运用，QQ、微信、微博等社交软件给予了民众更多渠道的发声机会，构成了在全域范围的复杂人际传播网。

2. 信息的碎片化

在政务舆情中，民众一般无法对社会事件及政务舆情传播、引导中的核心变量"信息"有一个微观且系统的分析，也难以解释政府信息在政府、网络媒介、民众之间的流动过程及其衍生结果，造成民众对政务舆情归因的碎片化。碎片化的信息在传播中缺乏专业的审核流程，其信息的不确定性较高，甚至会存在发布者故意散布虚假信息的可能，泛娱乐化的媒介环境容易造成理性自觉、社会责任、精神修养和道德理想的缺失，加速网络舆情的连锁反应。民众面对大量碎片化信息时容易感到迷茫，增加了社会事件政务舆情的管理难度。

3．舆情的立体化

舆情体现民众的整体态度，舆情从立体角度刻画社会事件，包括民众的意见、意愿、态度、要求及情绪等各个角度。民众的态度可以归纳为三个方面：认知、情绪与情感、行为倾向。认知是民众针对政府相关的社会事件，以及了解政府针对社会事件的引导与态度之后，而形成的对这些事件的态度与认知，是民众针对社会事件与政府引导措施后的归因过程。认知是情绪与情感产生的基础，民众对社会事件与政府态度进行归因之后，会产生情绪与情感反应，产生满足、高兴等积极情绪，或者产生愤怒、不满等消极情绪。行为倾向则是情绪与情感的结果，民众一系列的归因、情绪与情感反应，均能造成民众态度与行为倾向的产生。民众的认知、情绪与情感、行为倾向都是刻画舆情的具体方面。

1.2.2　舆情传播的特征

1．动态性

舆情的运行与传播遵循系统的动态性，随着媒体的不断传播与转载，各种信息相互影响、相互交叉、相互吸收，催动民众态度的不断发展。在舆情初期，社会事件的爆发往往造成舆情的快速传播，从而形成舆情高位。但是随着社会事件的解决或民众兴趣点的转移，媒体对社会事件的报道减少，民众对事件的关注度降低，舆情会逐渐减小直至消失。当然，如果政府应对措施无法让民众满意，民众的抱怨与不满可能会引发新的舆情，令舆情反复，造成舆情无法很快消失。所以，舆情整体呈现先上升后下降直至消失，或者先上升后下降但是伴随起伏波动直至消失的动态变化特质。

2．快速性

当今政务舆情的传播速度极快。一方面，民众对政治的参与意识增强，事关民众切身利益的公共政策如医疗、教育、环保、住房等公共话题，或者一些社会事件中政府的应对态度及应对方式，极易成为舆论的燃爆点。另一方面，舆情传播工具复杂化，社会事件的信息在不同媒体间相互影响、相互交叉、相互吸收、相互借鉴，同一媒体中的不同主体之间相互转发，造成舆情传播量呈现指数化上升趋势。当然，舆情的快速性不仅体现为舆情传播的速度快，随着民众对舆情事件关注度的降低，舆情消失的速度往往也较快。随着事件发生后时间的推移，舆情一般呈现快速上升与快速下降的趋势，偶尔伴随着舆情反复。

3．危害性

政务舆情的传播如果没有很好的引导，将具有非常大的危害性。首先，由于舆情的传播速度快，舆情涉及的敏感信息和社会话题可能引发社会矛盾和群体性事件，酝酿社会仇恨和不满情绪，扰乱社会秩序。其次，舆情中民众会对政府在舆情事件中的责任进行分析，政府应承担的责任越大越容易引起民众对政府的负面评价，对政府形象与政府公信力造成极大威胁。同时，由于舆情传播的方式越来越复杂，个人计算机、平板计算机、移动终端等媒介工具，QQ、微信、微博等社交软件给予了民众更多的发声机会，构成了在全域范围的舆情传播网，负面社会事件会通过微信、微博等自媒体平台迅速传播，政府及其主流媒体的主导地位和舆情应对方式均受到挑战，加剧了舆情传播的危害性。尤其在愈加复杂的舆情环境中，一批拥有共情能力、能揣摩他人情感、在特定的群体中具有较大知名度和影响力的"意见领袖"通过提供信息、传播观点，不断冲击着主流媒体的话语权地位。甚至有一些"意见领袖"在民众不具备对相关事件的分析能力、鉴别能力的情况下，裹挟民意，携带着利益相关方强烈的主观控诉，通过别有用心的舆情解读引爆民众情绪，对不良信息推波助澜，引发舆情恶性发酵，造成舆情误导，加大政府维稳难度。

1.2.3　政府舆情引导的特征

1．政府的回应与引导是舆情演化的焦点

任何国家的政府都会对政务舆情进行必要的管理。互联网已经成为面向公众的全球性设施，引起全世界对舆情管理的重视。政府通过提高回应和引导网络舆情的能力来实现与民众的良好互动，这种方法有可能赢得民众对政府的支持，有利于政府塑造和展示良好形象，使民众产生强大的向心力。

2．政府舆情引导的多元化和立体化

目前我国正处于快速转型发展的新时期，各种新思想、新潮流不断涌现，并通过互联网广泛传播。从横向看，民众在价值取向、思想观念、生活方式、消费意识等方面都有了新的变化，"舆论领袖"由单极转为多极，呈现多样化的特征和更复杂的局面；从纵向看，民众对事件的看法和态度形成舆情，政府采取各种

手段引领舆情走向，由此民众产生新的看法和态度，并形成新的舆情，从而影响政府的决策。政府和民众的关系处在循环和互动中，政府舆情引导呈现立体化的特点。

3．政府的回应难度不断加大

从政府角度：随着信息传播的速度加快、信息知悉的范围加大，政府的舆情回应时间被缩短，而工作压力却成倍加大；政府不仅要正面回应民众的关切，更需要兼顾因"信息"搭车而形成的专业性问题；政府以往固定的、单向的传播方式与自媒体舆论灵活、颇具个性的发布模式形成"对冲"时，主流媒介内容的格式化、程序化、流水账多，常规套路多，方法单一，缺乏新意等弊端显露出来，使政府舆情难以发挥应有的效果；在新兴技术的支撑下，传统的信息管控手段亦不能适应新形势的发展需求，即使不良信息被铲除，"快照"也可能会被保存在计算机或手机里，使政府的舆情回应能力受到挑战。

从舆情角度：部分自媒体将自身装扮成社会"灯塔"和"雷达"的形象，他们或以"普通民众身份"自居，或者以"社会公器和公共利益代言人"的角色出现，在各类负面事件中充当"聚光灯"和"显微镜"，有时为博人"眼球"，在对情况一知半解、"书被催成墨未浓"时便仓促发布信息，造成舆情的误导，加大政府维稳的难度。

1.3　政务舆情研究的意义

1.3.1　理论意义

1．新时期公共管理的重大理论问题

政务舆情应对的困境表明，舆情应对存在着主流媒介和新型媒介的博弈，不仅是新时期公共管理的重大问题，更是一场争夺人民思想阵地的"战争"。对政务舆情的研究是社会公共治理中涉及政府、媒体和民众间的互动问题。政务舆情分析的深层目的，即网络舆情的政治学和社会学价值，主要分析的是网络舆情产生的社会原因和网络舆情对社会公共治理政策的反馈，深入探讨对完善政府治理能力现代化研究、政府信任研究，以及常态或危机状态下的政治沟通、公共传播、应急管理等研究具有启发意义。

2．新时期预警防范体系的重要架构

现阶段政务舆情传播的超地域性、动态性和复杂性，决定了必须从事前、事中和事后全链条的视角，分析政务舆情的形成发展、传播演化和回应引导，进而全景式地了解和认识政务舆情。政府通过研究深化政务舆情传播演化机理，形成政务舆情传播识别预警、传播演化及回应引导研究的结构基础和底层载体。

1.3.2　现实意义

1．有利于提早发现并应对社会威胁

随着互联网的迅猛发展，新型舆情传播方式不断涌现，政府的施政环境发生深刻变化。在互联网这个最大的舆论场中，政府需要合理应对，提早发现舆情事件苗头，制定和采取针对性措施，减少负面舆情对社会的威胁；通过网络舆情分析、研判，对网络信息进行认识和甄别，选取有效信息进一步跟踪和研究，及时发现潜在网络舆情危机，提前预警；建立数据库，通过对过往经验和教训的总结分析，采取针对性措施，及时化解舆情危机。

2．有利于提升政府治理能力

一般情况下，舆情会经历形成、发展、高潮、回落等阶段，有时候某些阶段会重复出现多次。及时、准确把握舆情发展状况，有助于相关部门了解事件真实情况，从而采取不同的应对措施。跟踪分析事件发展变化，监控事件发展进程，为舆情管理应对提供支撑。准确专业的分析、研判，有利于政府准确把握舆情发展变化，从而有的放矢，有序地开展舆情应对与管理。科学规范的分析研究，能在一定程度上把握舆情事件产生、发展的规律，帮助相关部门做好舆情引导工作，从而提升政府的治理能力。

3．我国全面小康社会建设的现实需求

当前我国正处在实现中华民族伟大复兴的关键时期，直面问题、回应热点、对冲舆论、引导民众理性、寻求共识和对话，是最理性的选择。政务舆情的研究能够促进政府全方位了解社情民意，为政府科学决策提供政策支撑。决策者可以通过网络舆情工作来体察民情、了解民生、倾听民意，及时、全面地了解社会舆情的总体态势和动向。

本章参考文献

[1] 喻国明，刘夏阳 . 中国民意研究 [M]. 北京：人民大学出版社，1993：35-38.

[2] 孟小平 . 揭示公共关系的奥秘 —— 舆论学 [M]. 北京：中国新闻出版社，1989：3-16.

[3] 陈力丹 . 舆论学 —— 舆论导向研究 [M]. 北京：中国广播电视出版社，1999：12-36.

[4] 李伟 . 新媒体时代群体性事件舆论引导研究 [D]. 北京：中共中央党校，2013：5-16.

[5] 张克生 . 舆情机制是国家决策的根本机制 [J]. 理论与现代化，2004(04)：71-73.

[6] 唐雪梅，袁煜，朱利丽 . 政务舆情回应策略对政府形象修复的影响 —— 情绪认知视角的有调节中介模型 [J]. 公共行政评论，2021,14(01)：114-131+221-222.

[7] 吴德军 . 公司治理、媒体关注与企业社会责任 [J]. 中南财经政法大学学报，2016(05)：110-117.

[8] 徐海燕 . 中国政务舆情：格局、挑战及回应机制 [J]. 贵州社会科学，2020(06)：4-9.

[9] 李慧龙 . 政务舆情中的社会情绪治理研究 —— 基于信息不对称视角 [D]. 长春：吉林大学博士学位论文，2019.

第 2 章

融媒体视角下政务舆情的演进

2.1 传统媒体视角下的政务舆情

2.1.1 传统媒体的定义

传统媒体是相对于新媒体而言的，通过某种机械装置定期向民众发布信息或提供教育娱乐平台的媒体，主要包括报刊、通信、广播、电视、自媒体以外的网络等传统意义上的媒体。

长期经营的传统媒体具有新媒体不可比拟的优势。在专业度方面，传统媒体具有完整、成熟的信息采集和编辑体系，并且拥有大量的专业人才，不管是广播电台，还是其他传统媒体形式，都具有高素质的媒体队伍支撑其运转。同时，新闻采编、电台播音、后期制作等一系列环节都十分完善，每个步骤连接紧密而有效，信息的采集与发布都真实可靠。专业化的人才为传统媒体带来了巨大的竞争优势。相对于自媒体或新媒体而言，传统媒体的人才体系是传统媒体在数十年的运营过程中形成的，不仅体系完善，而且具有一定的稳定性。此外，传统媒体还具有原创首发优势，由于传统媒体具有强大的公信力及品牌影响力，对新闻价值具有较强灵敏度，并且在政府与国家的支持下，重大新闻与事件仍要通过传统媒体平台发布。传统媒体是国家、政府向民众传达信息和思想的通道，承担着不可推卸的社会责任，在传播客观事件与新闻的同时，产生强大的社会舆论，并且其带来的影响力也是非常广泛的。传统媒体经过长期的经营与发展已经形成了成熟而完善的运作体系，拥有广泛的群众基础，建立了良好的品牌形象。

在融合媒体环境下，尽管传统媒体的传播形式相对单一，传播时效性不强，但其凭借深耕媒介领域的发展优势，依旧保持内容优势，内容优势是其保持自身竞争力和吸引力的重要因素。从传播内容的广度与深度来看，新媒体大多为民众提供碎片化的信息，更有甚者依靠夸张的标题来博取流量、吸引眼球，内容缺乏可信度，阅读缺乏持续性。但传统媒体所报道的内容，从素材选择到采访、加工，直至传播，都是经过充分采访、调研形成的。从传播活动选择的素材内容与领域看，新媒体篇幅不受限制且传播内容的随意性强，而传统媒体从栏目设置到传播时间都较为固定，易形成精品栏目，打造出良好的影响力。在传播过程中，传统媒体始终坚持服务民众、社会效益为先的传播理念，除了严格把控传播内容的素材类型，更能从科学、理性视角辨别传播内容，发挥内容的正向引导价值。

2.1.2　传统媒体的发展及演进

1．我国报纸产业的发展历程

我国近代报纸产业（简称"报业"）自 19 世纪初产生以来，经历了漫长而曲折的发展过程。1949 年之前，我国报业的发展虽有一定规模，但受制于旧政权的压制与摧残。中华人民共和国的成立为我国报业的发展提供了坚实的基础和广阔的空间，使其进入了一个全新的发展时期。1949 年至 1966 年，我国报业经历了一段恢复期，解放区报纸恢复发展，新的人民报纸与私营报纸均得到了创建，由此，报业开始形成以党报为主体，人民团体报纸、党派报纸、私营报纸共同运营的基本格局。到 1965 年，我国报纸机构为 413 家。

1966 年，我国报业遭受重创，报纸的数量锐减。至 1970 年，全国仅剩下 42 家正式出版报纸的机构。一直到 1978 年，国家实行改革开放后，报业才获得了再次发展与振兴的机会。

1979 年 11 月 8 日，中宣部正式发布《关于报刊、广播、电视台刊登和播放外国商品广告的通知》，全国报业不得刊登广告的禁令得以解除。继政府财政补贴后，我国报业得到了又一重要的资源补偿，迎来了一个超高速发展时期。我国报业在 1995 年至 2006 年迎来了发展的繁荣期。

自 2007 年后，受互联网发展的影响，民众阅读习惯逐渐由线下向线上迁移，报纸发行种数连续小幅下降。2015 年，共 8 种报纸相继停刊或停止出版纸质版，2016 年共 5 种报纸相继停刊或休刊。从发行情况看，全国报纸发行种数、总印数及销售量等指标均呈下降态势。2009 年以来，各家报社的官方微博、微信公众号、新闻客户端陆续开通；2015 年下半年，传统媒体新闻客户端达到 231 个；2016 年，报业新闻客户端呈现爆发式增长，"两微一端"（微博、微信和新闻客户端）成为报业的新媒体标配和标志，报业的微信、微博已经普及，其新闻客户端注册量也增加了近一倍。多元化经营、跨界经营，是报业经营转型的必经之路。

2．我国电视产业发展历程

从 1958 年北京电视台开播至 1978 年北京电视台改名为中央电视台，电视事业受多方面影响遭遇整顿、停播等挫折，但在节目形态、传播手段、呈现方式等方面还是进行了有益的探索。一是节目形态丰富了，从新闻到电视剧、文艺片、体育栏目、纪录片等，播出时间不断延长。二是出现彩色电视，实现电视视觉由黑白转为彩色。三是利用微波传输、无线发射等手段，初步形成全国电视广播网。到 1976 年，全国有电视台 39 座、电视转播台 144 座，还建有很多小功率电视台，全国有近 3 亿人口可以收看到电视。

从 1978 年改名为中央电视台至 1998 年中央电视台建台 40 周年纪念大会，这一阶段我国以经济建设为中心，进入改革开放的新时期，对内搞活、对外开放成为时代特征。电视媒体顺应时代潮流，快速成长为我国宣传文化事业的主力军。政府通过出台相关政策规定，调动各方面积极性，并以新闻为突破，繁荣电视荧屏。与此同时，我国电视迅速普及，电视媒体成为国内最有影响力的大众媒体。

自 1998 年之后，我国电视行业发展进入转型调整阶段。1998 年，广电部改组为广播电视总局，通过不断重组整合、调整机构，国家广播电台与国家电视台于 2018 年合并为中央广播电视总台。在此期间，为顺应电视受众群体的差异化需求，中央电视台提出"频道专业化、栏目个性化、节目精品化"战略，以综合频道为龙头，以其他专业频道为支撑，推出一大批精品节目。各地方电视台也纷纷改版推出新闻、影视剧、财经、文艺、体育、动漫、生活服务等专业频道，以及围棋、靓装等付费频道。电视成为人们获取新闻信息、享受文化娱乐、接受社会教育的主渠道之一。

然而，进入 2017 年，电视媒体出现了四大困局：一是频道整体收视率持续下滑，二是大综艺的品牌效应失灵，三是广告创收持续负增长，四是频道运营进入亏本通道。广告客户的投放预算已逐渐转向新媒体，电视媒体的预算仅是客户品牌传播的补充投放。通过媒体融合，谋求电视媒体的转型，成为所有电视媒体的奋斗目标。如何进行媒体融合，需要电视媒体进一步探索。

2.1.3 传统媒体与政务舆情的关系探讨

从当前传媒环境看，新旧媒体的融合与协同传播将成为必然趋势。在新媒体时代，传统媒体的传播速度难以与新媒体比拟，因此传统媒体的进一步发展受到影响。然而，在日益复杂多元的舆情环境中，传统媒体依然是当前形成主流舆论及价值观的中坚力量。但事实上，随着互联网和移动设备的日渐普及，传统的舆论引导和传播格局已经改变，传统主流媒体把控传播主导权的地位遇到挑战，民众可以通过各种渠道在多种社交媒体中发声，参与话题讨论和事件报道。传统媒体的受众数量不断减少，原来的新闻主渠道优势在新传播格局中已被高度分解甚至边缘化，在突发事件中也很难起到引领网络舆论的作用，这种趋势已日益明显。

随着传统媒体受众群体数量的下降，在报纸及电视等传统媒体上获取信息的群体越来越少，更多的人习惯使用移动端如手机和平板计算机等来获取信息。除此之外，新媒体在实时性、话题性及引导性上的能力更突出，如今很多热点新闻事件往往首先在新媒体上发酵，随后才能被传统媒体报道。这就导致了传统媒体在新闻传播过程中经常处于被动地位，因此传统媒体在社会化媒体时代的舆论引导力亟待提高。传统媒体要想充分发挥舆论引导力必须找好渠道，及时发布权威信息，引导舆论向正确的方向发展。如今舆论引导的话语权不再单独掌握在传统媒体手中，更多的是微博等社交媒体首先发声，随后再由传统媒体、主流媒体跟进报道。传统媒体发布信息的速度不及网络媒体，因此现在有很多传统媒体开办了自己的官方微博、微信公众号、新闻客户端等，通过网络平台在热点事件中发声。传统媒体在事件发生后对事件持续跟进，并在后续的报道中对事件进行深度解读。但在谣言、虚假信息横行的时代，部分传统媒体并没有发挥舆论引导力的作用，没有充当事件的探究者、问题的追问者，只是机械地转发其他媒体所发布的消息，在重大事件中没有发挥好其引导作用。传统媒体如不及时发现问题，做谣言的辟谣者和正能量的传递者，其危机将不会解除，甚至面临消亡的危险。

2.2　网络媒体视角下的政务舆情

2.2.1　网络媒体的定义

互联网具有完备的新闻传播能力，拥有各种新闻网站、新闻社区、论坛、博客、网络电视、电子杂志、网络电话等强大的功能，并在人们的生活中充当了媒介的角色。随着互联网的产生，网络时代也随之来临，其最明显的特征就是信息传播媒体的迅猛发展。新技术、新媒体的出现，使网络成了信息传播的新媒介，而这必定使传统媒体面临新的挑战。

我们把互联网称为"网络媒体"，也就是通过网络进行信息传播的媒体；相对于报刊、广播、电视等传统媒体，人们又称它为"数字媒体"；因为它诞生在报刊、广播、电视三大大众传播媒体之后，人们还称它为"第四媒体"，而现今对它最流行的说法就是网络媒体。

从传播角度来说，"网络媒体"也可以称作"数字媒体""第四媒体"，就是借助国际互联网这个信息平台，以计算机、电视及移动电话等作为终端，以文字、声音、图像等形式来传播新闻信息的一种数字化、多媒体的传播媒介，其主要功能是通过互联网进行新闻信息传播。网络媒体有两种基本形式：一是上网媒体，这是与传统媒体结合到一起的形式，如电子杂志、网络电视等；二是网络自由媒体，也就是非官方的，由社会机构或个人组织的形式，如网站、论坛、微信、微博等发布新闻的媒体。

网络媒体作为继传统媒体后的一种新的传播媒介，它既具备传统媒体的一切表现形态和特点，同时也有许多传统媒体不具备的鲜明特征，如时效性强、信息量大及交互性强等，而这些特征都源于数字技术和网络技术的基本特征及功能。传统媒体的传播方式主要为单方向传递信息，而网络媒体的传播方式是双向的，是一种交互式传播的过程，它能在传播者和接收者之间迅速实现沟通和互动。在互联网上，用户可以在庞大的空间、无限的范围内选择各种自己需要的网络信息，也可以通过计算机操作改变传输内容和传输信息。这种信息传递的交互性使民众不再简单地成为信息的接收方，而是把主动权逐步握在自己手里。网络媒体从根本上打破了时间和空间的限制，使全世界都可以进入自由开放的信息空间。

2.2.2　网络媒体的发展及演进

我国互联网络从 1994 年开始进入基础设施建设期，在过去的二十多年里，网络媒体的发展经历了从摸索、完善到壮大的过程。目前我国网络技术、网络基础设施、网络资源、电信技术、数字技术等呈持续高速发展态势，社会逐渐实现网络化。网络媒体的诞生给社会各个方面都带来了很大的影响，可以说在很大程度上改变了人们的生活和交往方式，乃至整个社会的结构。

中国网络新闻媒体进程，最早可以追溯到报纸电子化，1993 年 12 月 6 日，《杭州日报》推出电子版。1994 年 4 月，在华盛顿召开的中美科技合作联委会会议期间，中国代表与美国国家科学基金会就中国接入国际互联网达成一致。1994 年 4 月 20 日，北京中关村地区教育与科研示范网接入国际互联网的 64 K 专线，实现了与国际互联网的全功能连接，这标志着中国正式接入国际互联网。

中国网络媒体真正拉开序幕是 1995 年中国公用计算机因特网的开通。同年 1 月 12 日，《神州学人》杂志成为刊物上网的开拓者。同年 12 月 20 日，《中国贸易报》开通网络版，成为报纸上网的先行者。1994—2000 年，概括中国网络媒体的发展，陈力丹教授于 2001 年曾指出，中国网络新闻传播尚未建立成熟的市场运作模式，尚未形成成熟的网络新闻消费市场，因此是"不成熟的中国网络新闻传播"。

中国网络媒体发展的第一时期可以分为 4 个阶段。

第一阶段，1994—1998 年，网络媒体在奠基之后强劲发展。1997 年是中国互联网元年，国家制定了《国家信息化"九五"规划和 2010 年远景目标纲要》，将互联网列入国家信息基础设施建设，提出通过大力发展互联网产业，推进国民经济信息化进程。这一年，1 月《人民日报》、5 月《华声报》、11 月新华社网站相继开通。这一阶段是中国网络媒体的起步阶段，属于摸索期，网络媒体还只是现有的新闻秩序在互联网的延伸，网络媒体的市场规模很小，资金、技术、人才是各媒体面临的三大难题。

第二阶段，1999—2000 年，网络媒体进入阶段性新高潮，商业网站后来居上。到 1999 年年底，全国上网报纸近千家，上网的广播电视机构近 200 家。到 2000 年年底，全国 20% 的传播媒体上网，共计 2000 余家。中国三大商业门户网站陆续在纳斯达克上市，地方著名网络媒体纷纷建立，包括北京千龙新闻网、上海东方网等。这一阶段，商业网站涉足网络新闻传播领域，对中国的新闻传媒格局和新闻管理秩序产生强烈的冲击和影响。

第三阶段，2000—2002 年，中国网络媒体进入调整阶段，中国特色的网络媒体体系形成。中国政府在网络媒体方面加强建设。国务院新闻办专门成立了网络新闻管理局，负责对网络新闻传播相关事宜的管理。2000 年 10 月 1 日正式施行《互联网信息服务管理办法》，开启了中国互联网立法的大门。从 2000 年中期开始，政府制定了《国际互联网新闻宣传事业发展纲要（2000—2002）》，支持互联网发展，同时中央政府对中央重点新闻媒体网站给予经济支持。较完整的网络新闻传播格局在这一阶段形成，产生了巨大的社会影响力。中国网络媒体的独家报道、原创内容等核心业务能力明显加强。

第四阶段，2003—2004 年，网络媒体成为中国重要的传媒形态。这一阶段，中央的政策和财政支持逐步到位，建成了一批具有一定规模和影响力的重点新闻网站。随着重点网络媒体在新闻传播中的地位和作用日益突出，网络媒体已发展成为引导和洞察社会舆论的重要窗口，成为我国新闻传播事业的重要组成部分，跻身主流媒体。

随后，网络媒体进入了蓬勃发展的第二时期，即 2005—2010 年。自 2001 年开始，网络媒体由第一代传统门户向第二代新门户过渡。Web 1.0 指的是网络媒体以自身具有公信力、影响力的平台进行的大众传播；Web 2.0 指的是网络媒体构建起了一个"参与式结构"，让广大网民能够轻而易举参与其中进行互动与沟通、贡献与分享等活动。2005 年，我国全面进入 Web 2.0 阶段，各类 Web 2.0 网站风起云涌。其中，2005—2006 年为网络媒体的和谐发展、规范化建设阶段，以和谐网络推进和谐社会构建是这一阶段中国网络媒体的主要任务。2007—2008 年，网络文化建设兴起，Web 2.0 应用全面开花，影像时代初现曙光，中国网络媒体进入新阶段。这一阶段，中国网络媒体作为新闻和信息的传播者，各类网上服务的提供者，网民广泛参与的组织者，在平台创新、产品创新、策划创新 3 方面下大功夫，在一系列重大事件报道和主题宣传中使传播水平更上一层楼。网络媒体的地位和作用更加突出，互联网已经成为重要的文化创作平台、文化产品传播平台和文化消费平台，网络文化已经成为人们精神文化生活的重要组成部分。2009—2010 年，中国以网络安全为中心，探索建立有中国特色的互联网发展之路。到 2009 年 12 月，中国超过 99.3% 的乡镇都接通了国际互联网。

2.2.3 网络媒体对政务舆情的影响

网络媒体对政务舆情的影响有利有弊。

首先，网络媒体的发展有助于促进政府提高信息公开度，随着网络媒体的普及，"网上办公""电子政务"逐渐进入民众的日常生活，民众可以直接从互联网上获取可靠、真实的政务信息，同时，政府也能从网络上获得大量有用的信息，使决策者能够在掌握民众实际情况的基础上全面分析并制定科学的决策，从而使执政能力不断提升。网络媒体为政府和民众的交流沟通搭起了一座桥梁，对政府推行政务公开十分有利，同时也有利于政府机构提升处理政务的工作效率。

其次，网络媒体的发展有利于政府及时把握舆论导向，提高处理政务舆情的效率。网络媒体的飞速发展，给舆论引导工作带来了许多有利因素。利用互联网，政府可以直接向广大民众宣传政府工作的思想、观点和方法，扩大舆论引导受众的范围，丰富舆论引导工作的方法和手段，进而增强舆论引导工作的渗透力和影响力。当前，网络舆论已成为洞察民意的重要窗口，政府通过网络舆论，可以根据民众反馈的意见和建议，进行有针对性的回答和引导，逐步使舆论引导工作由传统的单向传播向双向交流扩展，大大提高舆论引导工作的及时性和针对性。

当前，我国正处在改革的关键时期，经济体制、社会结构和利益格局都在发生变化，思想观念也在发生变化，社会进步发展的同时也带来了很多矛盾和问题。如果不能妥善地处理这些矛盾和问题则容易导致失衡，进而影响社会的发展和稳定。而具有互动性和平等性等特征的网络平台为民众提供了一种表达诉求的渠道。网络舆论的积极意义就在于它为民众提供了一个表达呼声及宣泄不满的发言平台，有利于疏导民众对社会的负面情绪，有利于社情民意的传达，及时反映现实生活中存在的突出矛盾和问题，可以发挥"排气阀"和"警报器"的作用，进一步维护社会和谐稳定。因此，政府要充分发挥网络舆论的正面功能，科学合理地引导网络舆论，以便于政府掌握网络舆论引导的话语权和管理权。

然而，网络媒体的匿名性和自由性使得网络舆论错综复杂，增加了政府对社会管理的难度，也增加了辨别网络舆情真伪的难度。网络舆论交互性传播的特点，使民众既是受众，也是传播者，越来越多的人借助网络媒体表达自己的心声与情感。与此同时，互联网也由原来的信息传递的工具演变为信息传播的载体，互联网已经发展成社会问题的聚集场所和传声筒，由于缺少相应的网络舆论管理机制及措施，政府机构管理网络舆论执行起来相当困难，对网络舆论的形成及扩散也难以控制。同时，网络舆论会影响政府的权威性和公信力，容易导致政府信任危机。在网络舆论传播过程中，网络媒体既有放大作用，也有聚合作用，再加上网络舆论本身具有隐匿性、非理性等特征，因此容易引发虚假信息甚至谣言的快速传播，致使一些局部性、一般性、地区性和偶发性的事件，在网络舆论炒作下不断异化升级，进而演变成全国性甚至国际性、政治性事件，严重损害党和政府的形象。

当前，我国正处于社会转型、经济快速发展的关键时期，社会分化引起的社会矛盾加剧，容易导致人们产生心理失衡、内心空虚等不良现象。这种状况如果不能加以引导，就很容易使网络舆论变得情绪化，这些情绪在虚拟社会和现实社会相互作用下，可以在很短的时间内迅速传播。另外，在网络媒体中，网络舆论的焦点往往更倾向于聚集在社会阴暗面和突发事件的负面影响上，如果这些舆论不加以控制，舆论的正确导向会失之偏颇，导致人们对理想信念产生怀疑，最终影响到政府的权威性和公信力。所以，政府必须对网络舆论进行梳理引导，让网络环境清朗起来，为政治、经济、社会发展营造良好的网络舆论环境，坚持正确的网络舆论引导，传递政府正确的声音，提升民众对政府的信任感，树立政府在民众中的权威和公信度。

2.3　社交媒体视角下的政务舆情

2.3.1　社交媒体的定义

社交媒体由 social media 翻译而来，是人们彼此之间用来分享意见、见解、经验和观点的工具和平台，是大批网民自发贡献、提取、创造新闻资讯，然后传播的过程。现阶段的社交媒体主要包括社交网站、"两微一端"、博客、论坛及抖音等。社交媒体在互联网的沃土上蓬勃发展，其传播的信息已成为人们浏览互联网的重要内容，不仅制造了人们社交生活中争相讨论的一个又一个热门话题，更吸引了传统媒体争相跟进。

社交媒体有两个重要特点，一是人数众多，二是传播具有自发性，缺乏这两点因素的其中任何一点都不能构成社交媒体。社交媒体的产生依赖于 Web 2.0 的发展，如果网络不赋予网民更多的主动权，社交媒体就失去了群众基础和技术支持，失去了根基。如果没有技术支撑那么多的互动模式和产品，网民的需求只能被压制而无法得到释放。社交媒体正是基于群众基础和技术支持才得以蓬勃发展，爆发出令人炫目的能量。

2.3.2　社交媒体的发展及演进

在 2009 年之前，我国的社交媒体以网络论坛为主要形式，而个别早期推出的媒体，如人人网和开心网等，使用人口数量有限，因此具有一定的局限性。直到 2009 年，新浪微博问世，开启了我国网络社交媒体的新篇章，社交媒体以其信息发布的即时性、表达的简便性、传播的高效性等特点迅速得到推广，不同类型的平台不断涌现。在近十年的时间里，我国的社交媒体平台以鲸吞式的速度吸引了大量用户，以"两微一端"、快手和抖音为代表的社交媒体，不仅成为网络信息流通交互的集中承载节点，更为民众意见的表达和社会舆论的形成提供了更直接的多维平台。社交媒体在其他媒体所具有的特点基础上，呈现独有的特征，除了拥有匿名性、开放性等一般网络属性，它不必同传统媒体一般拘泥于自身的制度和内容属性限制，其自主性和交互性能够在最大程度上得到发挥。社交媒体虽存在意见领袖通过"KOL"（关键意见领袖）传播方式发挥一定的议程设置功能，但对于占据主要部分的"UGC"（用户生成内容）模式下海量民众的意见来说，这些意见领袖的影响力远远不足以使其整合。因此，当遭遇重大突发公共事件时，社交媒体上也必然会出现更加复杂的舆情困境现象。

自 2009 年 8 月上线以来，新浪微博一直保持着爆发式增长。经过将近 12 年的探索与实践，在"互联网 + 政务"时代，其发挥政府等国家机构拓展政务公开和服务、提高公信力和影响力的作用愈加彰显。根据 CNNIC（中国互联网信息中心）发布的第 47 次《中国互联网络发展状况统计报告》，截至 2020 年 12 月，我国在线政务服务用户达 8.43 亿人，占网民整体的 85.3%，经新浪平台认证的政务机构微博账号为 140 837 个。这说明使用"互联网 + 政务"功能已成为大部分网民上网的目的和需求。以政务微博为代表的政务新媒体是实现政府治理和社会调节、居民自治良性互动的具体体现，是创新社会治理体制机制的重要成果，是推进社会治理现代化的途径之一。

2.3.3　社交媒体对政务舆情的影响

"两微一端"时代，网络舆情传播一改传统意义上的一来一回、点对面等传播模式，网民在信息选择和信息接收时表现出强烈的主观能动性，开始主动寻找符合自己心理需求的信息。在拥有了言论平台和一定的话语权之后，部分网民开始选择在与自己切身利益有关的事情上发表自己的真实观点。受众的从众心理和匿名心理在"两微一端"时代有了新的体现形式。

以新冠疫情为例，本次新冠疫情发生在不同于以往的媒介环境之中，成为我国历史上第一次在社交媒体条件下的重大突发公共事件。2020 年年初暴发的新冠疫情与 2003 年非典疫情虽然同属于重大突发公共事件，但二者在舆论场中产生的影响有较大差异。新冠疫情无疑在舆情上影响地域范围更广、影响人群更庞大、影响时间更长远，虽然显而易见的原因之一是其危害性，但其在舆论中的影响力是前所未有的几何倍增长，而造成这一质变的主要原因在于"环境"的变化，也就是当今的社交媒体环境。通过收集和对比 2003 年非典疫情的相关资料，以及新冠疫情暴发后新增的资料，对于 2003 年非典疫情时期的传播现象，当时的研究者们主要着眼于媒介本身，大多致力于提高媒体的宣传和组织能力建设，单纯思考以传播者的视角进行有效的社会舆情管理，从社会公共管理的角度研究如何展开各项工作。事实上，在社交媒体尚未真正发展成熟的当时，民众之间相互联系的方式基本只能通过电话、短信和传真，对社会信息的接收也只能通过相对单向的电视、广播和报纸，并不存在一个能够使信息自由流通的社交媒体平台，因此在当时，新闻媒体的主要职能是输出。

反观在社交媒体条件下，新冠疫情获得民众关注度更高，形成的相关舆论场甚至覆盖到了整个社交媒体类型，包括以微博、微信和抖音为代表的较为强大的社交媒体平台，以微信群、QQ 群、公众号为代表的社交媒体"微集群"，以及各类应用型媒体的大小论坛，这在 2003 年的非典疫情期间是无法实现的。另外，虽然社交媒体条件下的新冠疫情产生了更加复杂的舆情问题，但需要认清的是，这些问题并不是因社交媒体才产生的，而是因社交媒体的发展成熟才得以展露出的。

社交媒体是民间舆论的敏感地带和问题的多发地带，政府对于民间舆情反馈的效率必须加以重视。在当今信息通达的社交媒体环境中，官方舆论与民间舆论之间相互作用的主要方式以碰撞为多数，因为事实上，网络平台中更多的信息传播和舆论形成，来自民众的意见表达和媒体的发声，而对政府而言，除了政策性信息的发布，对民间舆论场进行监督和引导也是其必须要发挥的重要职能，因此对于政府、媒体和民众而言，三者既存在着紧密的联系，又有着众多的冲突。

因此，对于官方媒体来讲，不仅需要加快建设全媒体、融媒体的传播方式，同时应当积极入驻各类社交媒体，打造政务新媒体，并完善对社交媒体的舆情监管措施，从根本上争取网络社交媒体空间的话语权和影响力。从微观上来讲，官方媒体需要及时做好社交媒体中的事件调查解释、谣言澄清、信息发布和网民互动等工作，在尽可能提高效率的同时也要以真实性为基础，杜绝出现引发不良影响的反转新闻。当然，实现官方与民间舆论之间良性循环对话机制的构建是一个复杂而长期的过程，需要从理论出发加以现实的考量才能逐步实现。

2.4 小结

媒体融合是传媒产业格局变化的重要推动力量，媒体融合的过程是传统媒体与互联网的产业逐渐模糊化的过程。融合成为传媒业发展必然趋势，是一个媒介技术融合—媒体组织融合—产业结构转型—社会结构转型的渐变过程。

传统媒体发展历史悠久，有庞大且专业的人才队伍。从事传媒行业的人员都要经过专业学习和业务检验，通常来说都有较强的业务素质、工作能力和责任感。传统媒体在发展中有相对固定的操作模式和健全的管理机制。综上所述，传统媒体具有很大的影响力和很强的公信力。而新媒体是多种技术融合的产物，不仅改变了媒体这个行业，甚至改变了整个时代。相较于传统媒体来说，新媒体传播速度更快，通过计算机、手机等设备，就可以完成信息的采集和发布；新媒体不受时间、空间限制，只要有网络，就可以完成更加频繁快捷的信息交换；新媒体可以通过文字、图片、音频、视频等多种手段进行信息传播，形式与内容更加丰富。

进入 21 世纪以来，伴随着中国经济的高速发展，中国的传媒产业也在发生翻天覆地的变化，广播、报刊、电视、互联网及"两微一端"等媒体在各自的发展过程中不断改革、相互影响、相互渗透。在新媒体时代，网络平台是社会舆情传播的重要载体，深刻影响着社会舆情的传播方向、价值导向等。政务新媒体是政府部门传播主流舆论、宣传政策方针、开展政务服务的重要平台，发挥着重要的舆论引导、舆情疏导、服务群众、凝聚群众等功能，也是社会舆情治理中不可或缺的力量。

传统媒体与新媒体的融合是社会发展的必然趋势，更是媒体行业长久健康、稳定发展的有力保障。在融合过程中，必然会遇到难题、痛点，我们一定要正视困难、抢抓机遇、守正创新，努力做媒体融合发展的参与者、践行者，为我国传媒行业迈上新高度、取得新成就作出媒体人的应有贡献。

本章参考文献

[1] 黄文秀. 环境媒体广告视觉设计研究与应用 [D]. 沈阳：沈阳建筑大学，2016.

[2] 杨先杰. 新媒体时代下传统媒体的竞争优势 [J]. 新闻传播，2020(01)：92-93.

[3] 郑保卫. 新中国成立 60 年来我国报业变革发展的历程、成就及经验 [J]. 新闻界，2009(04)：3-5+66.

[4] 游梦华. 制度变迁与广东报业发展七阶段 [J]. 经济前沿，2007(Z1)：117-121.

[5] 熊翰林，肖新芳. 传媒新格局下的党报发行之路 —— 孝感日报传媒集团的探索与实践 [J]. 新闻前哨，2017(10)：90-92.

[6] 何濛滢. 融媒体在防震减灾科普宣传中的应用初探 [J]. 传播力研究，2020，4(02)：80+82.

[7] 王胜军，李强. 政策与技术：新中国报业发展历程回顾 [J]. 现代视听，2019(09)：9-14.

[8] 涂昌波. 中国电视 60 年发展的回顾与思考 [J]. 中国广播电视学刊，2019(10)：26-30.

[9] 王静，张晗. 探析媒介融合背景下电视媒体的创新发展 —— 以芒果 TV 为例 [J]. 中国广告，2015(12)：112-115.

[10] 谢坦. 社会化媒体环境下高职院校图书馆的传播策略研究 —— 以建东职业技术学院图书馆为例 [J]. 北方文学，2017(03)：118+120.

[11] 王琳珂. 社会化媒体时代传统媒体发挥舆论引导力探究 —— 以抗灾现场 "战士啃馒头" 报道为例 [J]. 今传媒，2016，24(12)：41-42.

[12] 牛建丽，徐水. 论网络媒体相对传统媒体之优势 [J]. 新闻爱好者，2010(22)：86-87.

[13] 秦爱红. "失和" 语境下手机媒体的和谐发展观 [J]. 新闻界，2010(03)：39-50.

[14] 黄新建. 浅谈新媒体环境下网络舆论对政府工作的影响 [J]. 劳动保障世界，2017(29)：45-46.

[15] 倪国华. 浅析国有企业中层管理者的领导力培养与提升 [J]. 劳动保障

世界, 2017(29): 40-42+46.

[16]　杨俊. 大数据背景下的现代公共关系转型新论 [C]. 江苏省第八届学术大会学会专场论文哲学社会类论文汇编. [出版者不详], 2014: 354-363.

[17]　赵振宇, 程前. 共振传播视角下红色文化节目的融合创新 —— 以《闪亮的坐标》为例 [J]. 新闻世界, 2022(01): 12-15.

[18]　杜彬, 刘彦超, 李蕾, 兰月新. "两微一端" 时代网络舆情传播主体及受众变化规律研究 [J]. 武警学院学报, 2021, 37(06): 75-79.

[19]　马海涛. 对传统媒体和新媒体融合发展之路的思考 [J]. 记者摇篮, 2021(07): 85-86.

[20]　陈楠. 政务新媒体: 开展社会舆情治理的重要载体 [J]. 传媒, 2021(12): 53-55.

第 3 章

网络政务舆情国内外研究概述

3.1 网络舆情相关研究

随着移动互联网技术的发展和微博、微信等社交媒体的普及，网络逐渐成为民众表达信念、态度、意见和情绪等的第二场所，并受到社会各界越来越多的关注和重视。与传统媒体相比，网络社交平台的传播性、交互性更强，覆盖面更广。网络社交平台不仅打破了信息传播的时空界限，还从根本上改变了信息传播者和接收者之间的路径关系和信息传播模式，促使网络信息由单向纵深且分散向多中心网络全面覆盖且易形成集聚效应的传播模式转变。

3.1.1 网络舆情识别预警研究方式和手段综述

1．网络舆情识别预警研究方式

目前，网络舆情识别预警主要是对一些突发性、群体性事件的动态监测和模拟仿真。国内外关于网络舆情识别预警的研究方式主要包括 4 种：基于调查访问数据的监测分析、基于文本数据的监测分析、基于网络数据的监测分析和基于社会网络方法的监测分析。

基于调查访问数据的监测分析主要通过报纸、网络问卷、电话访谈和当面访谈的方法获取网民对相关事件的主观认知，形成舆论分析报告，这一类舆情识别预警研究方式主要为商业调查公司、大学科研机构等开展的不同主题的分析调查。

基于文本数据的监测分析是研究网络舆情的重要方式之一。该方式通过收集网络舆情事件相关的文本信息，引入文本分析的方法，通过语义分析、情感分析等方法，提取网络舆情的关键词和网民情感，通过网络舆情对网民主观情绪的影响，确定网民的网络态度是正面或负面。

随着网络搜索技术的进步，基于网络数据的监测分析主要通过网络在线搜索、爬取网络社交媒体的相关数据，创建网络舆情知识系统和图谱，了解网络舆情，并形成分析报告，为管理部门提供辅助决策参考。

伴随着网络大数据技术的进步，社会网络分析工具不断涌现，基于社会网络方法的监测分析是当前学术界开展网络舆情识别预警研究的主流方式之一。该方式通过大数据抓取技术，从贴吧、微博、微信等社交媒体上爬取特定网络舆情事件的相关信息，如网民在贴吧、微博或微信的留言、发文、转发与点赞等，采用社会网络分析工具，分析网络舆情主体之间的链接特征、节点特征、社团特征、网络拓扑结构特征等，进而对网络舆情进行动态监测和预警分析。

2. 网络舆情识别预警的手段

网络舆情识别预警会出现在舆情生命周期的各个阶段，因此网络舆情识别和预警是网络舆情研究的一个热点问题，相关学者采用不同的技术方法对网络舆情进行分析。当前，学术界关于网络舆情识别预警手段的研究主要有以下几个方面。

基于评价指标和模型计算的模糊分析法的网络舆情识别预警研究，主要思路是通过网络舆情的特点，围绕不同的维度和层次构建其网络预警评价的指标体系，采用层次分析法、熵权法、灰色关联法等评价分析模型，根据指标计算结果综合分析网络舆情的预警问题。因其方法简单、易懂，运用范围较广，所以这类研究成果丰富。

基于情感观点挖掘的网络舆情预警方法的网络舆情识别预警研究，主要通过情感分类和情感分析、文本意见的挖掘，建立赞同、反对、中立 3 种态度的情感倾向性分析，随着文本网络分析工具的进步，这类分析备受学术界欢迎。

基于大数据挖掘技术的网络舆情预警研究方法的网络舆情识别预警研究，主要通过对贴吧、博客、网页新闻、微博、微信等数据的提取，建立数据的聚类、内容关联、行为主体链接等计算规则，并通过定量分析方法对网络舆情开展预警分析。此外，信号分析理论、直觉模糊推理、贝叶斯网络建模等方法也在网络舆情识别预警研究中得到应用。

3.1.2 网络舆情传播演化研究综述

互联网因其高度的开放性和互动性，使得民众能够获取较大的知情权和话语权，也促使网络成为反映社会现实的晴雨表。当前关于网络舆情传播演化的研究主要集中在网络舆情传播演化的特征与规律、网络舆情传播演化的影响因素两个方面。

1. 网络舆情传播演化的特征与规律

探索高度复杂的人类行为，分析用户行为模式和规律，是突发事件网络舆情传播演化研究的核心议题。公共安全事件的网络舆情传播是一个热点话题。

2. 网络舆情传播演化的影响因素

突发性网络舆情具有不确定性，极易引起网络舆情案件，在新媒体时代，把握网络舆情传播演化的影响因素，有助于开展网络舆情的回应和干预。一方面，国内外学者从政府、民众、媒体、意见领袖等网络舆情传播演化的行为主体对影响网络舆情传播演化的内部因素进行了分析；另一方面，也有学者从危机事件的属性维度对影响网络舆情传播演化的外部因素进行了分析。

3.1.3　网络舆情回应干预研究综述

社会事件舆情传播演化与事件的处置有着紧密的联系，社会事件实际应急处置过程在网络上都会有相应的舆论反应。对网络舆情进行针对性导控和治理，是维护政府公信力和社会稳定的必要举措。然而，如何干预、何时干预、怎样干预、干预效果如何？这些都是相关政府部门和学术界关注的焦点问题。

从研究方法上看，现有研究主要通过定性分析、案例分析、理论模型分析相结合来分析网络舆情回应干预策略。吴旭红基于公共管理的相关理论，提出治理模式的转变要更新治理理念，完善网络舆情的监管与治理机制，转变和创新治理方式和手段。方付建、汪娟基于 10 个典型突发的网络舆情案件，采用对比分析法对网络回应干预的成效差异进行了比较分析，发现事件热度与应对效果无明显相关关系，而回应次数多的事件通常应对效果较好，在回应主体上，第三方或更高层级主体的回应效果较好。方付建、汪娟基于模糊定性比较分析法对近年来40 起突发事件进行了对比分析，发现信息发送者的客观性对于突发事件网络舆情的产生与回应具有重要影响，信息接收者的正反馈在突发事件网络舆情回应与治理中起到关键作用，沟通渠道的多元畅通是提升突发事件网络舆情回应效果的重要条件。王光辉等采用系统动力学模型，对网络舆情的宏观干预和微观干预的成效进行了模拟仿真，发现干预时间越早对社会舆论的影响效果越明显。在进一步的研究中，王光辉等提出了社会事件网络舆情干预的 4 个阶段，即舆情干预判断、干预时机、干预措施和干预评价。

从回应对象来看，围绕网络舆情回应干预的对象主要集中在政府、高校、企业 3 个层面。政府既是网络政务舆情的管控者，也是网络舆情的制造者，对此类网络舆情开展研究具有显著的现实意义。原光、曹现强构建网络舆情中"闹大"与"化小"的博弈逻辑框架，并对博弈关系模型进行了详细阐述。原光、曹现强认为，网络政务舆情的地方政府回应属于动态博弈，虽然民众可以通过网络舆情先发制人，但政府由于先天优势明显，仍能主导博弈策略和行动。陈显中从宏观层面提出建立一套政务微博引导网络舆情的机制，因势利导地做好网络舆情的沟通和引导。由于我国有庞大的大学生群体，与高校有关的舆情都会引发民众的广泛关注，高校舆情的回应与治理成为研究和分析的重点话题，现有研究主要定性阐述高校网络舆情的回应策略，较少涉及定量分析的方法。近年来，与政府网络舆情处置能力提升相比，企业的网络舆情处置能力相对较弱，对企业网络舆情的研究成果开始增加。

3.2 网络政务舆情研究的主题方向

当前，各类网络舆情频发，其中政务舆情因其强烈的话题性成为社会普遍关注的对象，并因其内在的政治性成为政府回应的必选项。2018 年，国务院办公厅印发《2018 年政务公开工作要点》，提出建立政务舆情回应问责制度，对重大政务舆情处置不得力、回应不妥当、报告不及时的涉事责任单位及相关责任人员，要予以通报批评或约谈整改。这说明对政务舆情的回应已经成为政府的一项重要工作。而如何科学地处置地方网络政务舆情，成为各地政府部门迫切需要解决的问题。因其传播的广泛性和结构的复杂性，同样引起了学术界的广泛关注。

3.2.1 网络政务舆情研究热度

为更好地了解网络政务舆情研究领域的热度和主题分析，我们借助 Cite-Space 文件计量工具对国内网络政务舆情研究文献进行可视化计量分析。

1．总体发文热度分析

网络政务舆情作为网络舆情研究的一个重要分支，是学界、政界关注的热点问题。借助 CNKI（中国知网）数据库，以"网络政务舆情""网络政务舆论""涉官网络舆情"为关键词，来源类别设置为中文核心期刊、CSSCI 来源期刊、CSCD 来源期刊，检索起止时间设置为 2011—2022 年，剔除书评等

不相关文献，共检索得到 334 篇文献。同时，借助 Web of Science 数据库，以
"online public opinion" 和 "government" 为主题进行检索，来源类别设置为
SSCI 期刊和 SCI 期刊，限定时间同样为 2011—2022 年，检索得到 342 篇英文文
献。基于检索结果绘制的国内外网络政务舆情研究趋势图（见图 3-1）。国外网
络政务舆情研究论文数量总体呈现持续增长的趋势，而国内网络政务舆情研究论
文数量总体呈现波动下降的趋势。其中 2011—2013 年，国内网络政务舆情研究
论文数量快速增长，在 2013 年达到论文数量峰值，而后呈现波动下降的趋势。
2020 年呈现一个次峰值，这与新冠疫情的暴发密切相关。2011—2018 年，国外
关于网络政务舆情的研究论文数量处于缓慢增长的阶段，2019 年以后，特别是
随着新冠疫情的暴发，国外关于网络政务舆情的论文数量迅速增长，并超过了国
内论文数量。国内网络政务舆情论文数量呈整体下降的趋势与我国政府政务舆情
回应制度的建立和政府舆情处理能力的提升密切相关。

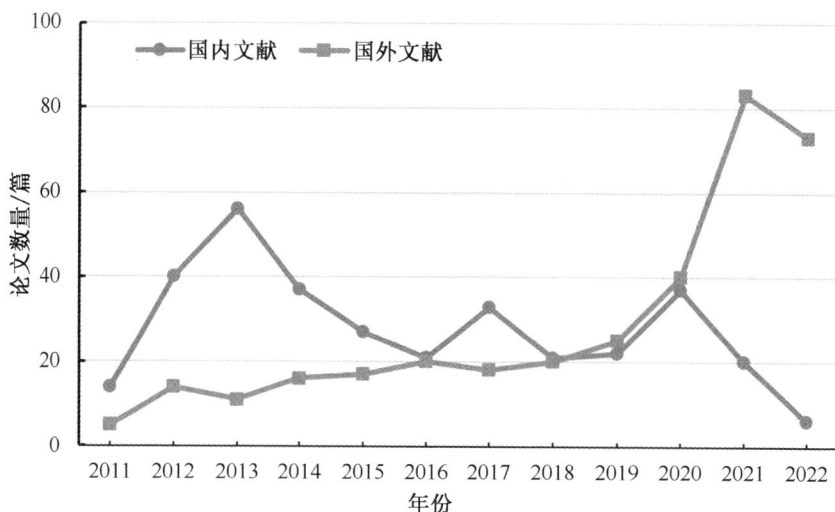

图 3-1　网络政务舆情研究趋势图

2．热点图谱分析

借助 CiteSpace 软件，进一步对国内外网络政务舆情研究热点问题进行直
观分析，并绘制网络政务舆情关键词共现图谱（见图 3-2）与网络政务舆情关
键词突现图（见图 3-3）。由图 3-2 可知，总的来说，国内外学者围绕网络政务
舆情的传播过程与路径、网络政务舆情的回应与引导、网络政务舆情的治理等
方面开展研究，研究事件对象包括突发事件、涉官舆情，研究政务媒体包括政

务微博、政务微信、政务网站等，政务公开、信息公开、网络问政等是他们关注的重点领域。从国内外对比来看，国内对网络政务舆情的关注高度集中，关键词数量较少，而国外对网络政务舆情的关注相对分散，关键词数量远多于国内。由图 3-3 可知，国内研究方面：2012—2013 年的突现词为电子政务、信息社会、公共管理、应急管理；2013—2015 年的突现词为网络治理；2014—2015 年的突现词为电子治理；2016—2018 年的突现词为大数据、政务公开、新媒体、政务服务；2017—2020 年的突现词为政务舆情、政务微信、舆情；2018—2022 年的突现词为地方政府、回应能力。国外研究方面：2013—2014 年的突现词为 civil society，2014—2015 年的突现词为 online，2015—2018 年的突现词为 big data、dicourse、participation；2018 年以来的突现词为 politics、censorship、perception、knowledge、attitude 等。

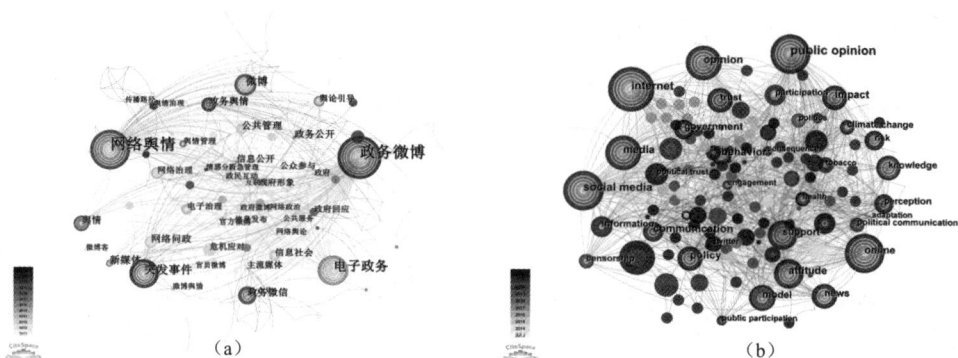

图 3-2　网络政务舆情关键词共现图谱

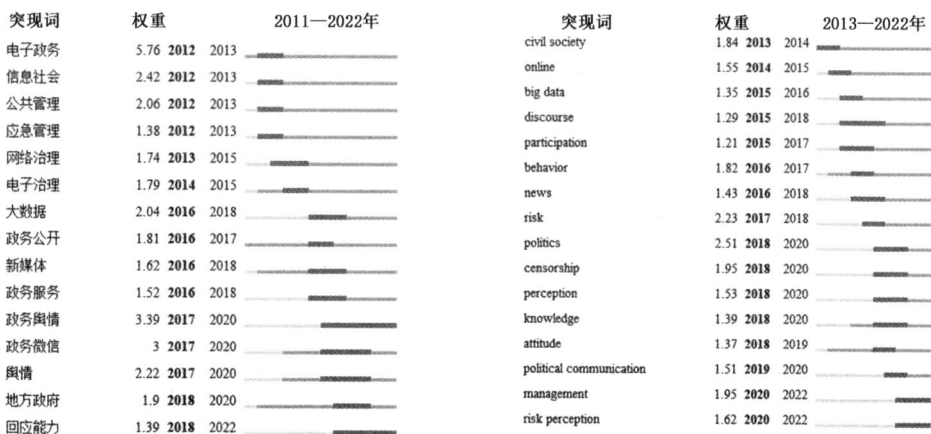

图 3-3　网络政务舆情关键词突现图

3．热点问题分析

热点事件形成的网络舆情为网络政务舆情研究提供了多样化的案例。针对网络政务舆情的研究，主要聚焦在政府信息公开、突发事件、热点事件等方面。祁凯等聚焦政务短视频，将政务短视频网络舆情分为舆情事件、网民和政务短视频3个子系统，采用系统动力学模型，对"黑龙江疫情反弹"网络舆情传播的特征和影响因素进行了分析。相当多的研究采取网络舆情个案分析方法对政务网络微博、微信进行案例研究。与政府管理密切相关的重大事件、热点事件成为网络政务舆情关注的重点问题，如反腐败问题。刘滨、原光等对"涉官"问题网络舆情进行了研究。陈鹤等对涉官网络谣言概念进行了界定，并分析了其形成原因。韩瑞丽对涉官热点问题频遭热议的原因进行了分析。

3.2.2　网络政务舆情研究广度

网络政务舆情涉及面广，不仅与政府及管理者相关的舆情案件、重大事件紧密相关，还涉及经济社会发展的各个方面。

1．与自然灾害相关的网络政务舆情研究

自然灾害事件引发的网络政务舆情研究聚焦于地震、台风、暴雨等自然灾害，分析自然灾害网络舆情的传播演化机理和治理对策。自然灾害对人民生命安全和财产造成重大威胁和损失，一旦发生一定规模的自然灾害会引发社会的广泛关注。此外，以政府为主导的搜救工作产生的问题、其他个别社会事件容易引发网络话题，持续推高网络关注，形成网络舆情案件。当前对自然灾害所引发的网络政务舆情的研究重点关注自然灾害网络舆情的识别、传播演化的规律与特征、网络舆情的信息监测、政府回应网络舆情的方式等。

2．与重大安全事故相关的网络政务舆情研究

重大安全事故引发的网络政务舆情聚焦于生产安全事故、城市重大交通安全事故、食品安全事故等方面。重大安全事故引发的重大生命财产损失、环境问题，以及背后可能存在的违法生产建设，容易引发网络舆情，成为舆论指向的焦点问题，政府对此难以回避。林永明提出了一种面向煤矿安全事故网络舆情文本的动态主题情感模型，并选取了典型的煤矿安全事故发生后的舆情文本信息进行分析。刘怡君等以一起爆炸事故为案例，分析了其网络舆情传播的几大特征，建立集主体、信息、心理、观点4种要素的多层多属性舆情传播模型，并应用仿真

工具进行多情景分析，为政府开展网络政务舆情回应干预提供了参考建议。刘畅等分析了武汉市交通问题引发的网络舆情，并对政府开展网络舆情治理提出了对策和建议。滕靖等提出了交通事件网络舆情的分析方法。王雯、刘蓉在分析转型期我国食品安全网络舆情的内涵、特征及形成原因的基础上，提出了有效引导和干预食品安全网络舆情的公共政策。

3. 与环境和健康相关的网络政务舆情研究

由于经济快速发展和人民生活水平的提高，民众的环境意识明显增强，与环境卫生类有关的社会事件极易引发社会关注，因此环境事件引发的网络政务舆情也是民众关注的热点话题。2010 年前后，我国厦门、漳州、茂名、昆明等地建设的 PX（P-Xylene）项目，引起了社会民众的广泛关注，由此部分地区引发了针对这一项目的群体性事件，在网络上形成了舆论案件，相关地区政府经历了一次前所未有的舆情考验。学术界对 PX 项目引发的网络舆情案件进行了广泛关注，学术界主要采用案例分析的方法，对相关网络政务舆情案件的形成过程、演化规律、传播机制、舆情处置和干预等方面进行了分析。医疗健康领域是热点民生问题，相关热点事件极易形成网络讨论的焦点话题，演化成网络舆情案件。关于这类案例的研究也较多，有学者对医患关系事件形成的网络政务舆情特点进行了归纳总结，对舆情的处置和干预策略进行了分析和研究。

此外，与民族宗教有关的网络政务舆情也是研究的热点问题。民族宗教事件涉及我国的民族和宗教管理政策，相关事件极易引发网络政务舆情。

3.2.3　网络政务舆情研究深度

网络政务舆情因与政府管理密切相关，与其他网络舆情相比具有其特殊性。

1. 网络政务舆情的传播演化规律

相关研究主要聚焦于传播演化特征、传播演化模型构建与模拟等方面。网络政务舆情传播具有典型的异化特征，王光辉以"PX 项目"网络舆情为例，基于"宁波发布"政务媒体，发现其在传播过程中产生多个舆论"子团"，每个"子团"形成一个代表性话题，这些新话题的形成是由于舆论主体对事件信息的转发和评论具有主观性，故舆论经过多级传播将产生话题异化。李倩倩等预测政务信息在网络中形成"低传播度"或"高传播度"，围绕政务微博用户特征、传播内容特征和时间特征，构建政务信息转发规模分类的预测特征体系。

2．网络政务舆情传播演化与影响因素

在网络政务舆情事件子系统中，舆情事件的敏感度和危害度对网络舆情风险影响较大，网民激化程度、参与约束及偏好差距 3 个因素共同影响网络舆情风险。王光辉认为网络政务舆情异化受内外部环境各种因素的多重影响，舆情外部环境决定着其演化的方向和剧烈程度，社会公信力也是舆情异化演化的主要影响因素，主体从众性的高低也决定着舆情的异化演化程度。舆情环境加速了事故话题的极化，负向环境会导致观点向消极方向持续偏移；高社会公信力水平可以减缓事故话题的极化速度；主体从众性越高，舆情话题的异化演化速度越快。毛太田等认为，物理层面的问题作为客观存在的事物，在舆情产生阶段是民众对事件认识的基础；事理层面的问题作为主观能动性与客观存在的结合，引导了舆情的走向；人理层面的问题中不同主体的立场、主观思想等直接影响了舆情中民众评论的发表。

3．网络政务舆情的回应与干预

关于网络政务舆情的回应干预研究是研究的落脚点，具有直接的现实意义。刘霞、王光辉认为，对民族宗教事务舆情的治理工作要加强民族宗教事务网络全景生态建设，培育向上向善的网络生态环境；构筑舆情思想引领理念，统筹构建纵横维度的协调新格局；依托科技助推舆情科学治理，探索行之有效的网络治理工作新模式；加强立法，保障民族宗教事务网络舆情长效监管；加强民族宗教事务网络舆情理论研究。刘怡君等对重大安全事故的网络舆情分析得出：要从体制机制上，要求多部门齐头并进，共同推进事故处理；从科学研究上，体现治理能力现代化，有效引导事故舆情。王光辉分别对传统媒体、网络媒体和网络社区舆论风险的形成和干预路径进行分析，构建了社会舆论形成及干预的动力学模型，提出了网络舆情越早干预效果越好的观点。

3.3 网络政务舆情研究的主要方法和技术手段

随着大数据技术的进步，网络政务舆情大数据获取成为可能，采用相关的技术方法和借助相关的研究工具促使网络政务舆情开展更为精准的研究。

3.3.1　网络政务舆情研究的主要方法

建立和改进适应不同网络舆情演化传播的模型，对更好地把控网络舆情传播演化的规律具有重要意义。我们梳理已有研究发现，研究网络舆情传播演化的动力学建模主要包括基于传染病模型、复杂网络、考虑行为属性的网络舆情传播演化建模。①网络舆情的传播与传染病具有较大的相似性，因此通过改进的传染病模型在早期网络舆情传播演化建模中运用广泛，Daley 等提出了经典的 D-K 模型，对谣言等舆情传播与流行病传播的相似性进行了全面比较；在此基础上，Maki D P 进一步建立了 M-T 模型；进一步，Sudbury A 对 SIR 传染病模型和舆情传播模型进行了比较。当前关于传染病模型在网络舆情传播演化中的建模分析层出不穷，均侧重于对相关理论模型的改进和验证。②由于传统的传染病模型很难精准刻画网络舆情的传播过程，随着社会网络分析工具的完善，复杂网络方法被广泛运用到网络舆情传播演化动力学研究中，改进了传统的传播动力学模型。基础复杂网络的网络舆情传播动力学模型主要包括小世界网络模型、无标度网络模型、加权网络模型。孙庆川等发现，在小世界网络模型中，信息吸引力在临界值附近时，随机边的添加会使传播面积增大。刘亚州等采用系数可变的无标度网络模型对谣言在 S2IR 模型上的传播演化进行了模拟仿真，发现谣言在这一模型中的传播速度更快，传播范围更小。王金龙等构建了基于用户相对权重的社交网络信息传播模型，仿真结果表明，在非均匀网络中该模型更能体现真实网络特点。王光辉等采用超网络模型，提出了舆论异化机理的算法。③网络舆情传播还会受到记忆、兴趣、情感等因素的影响，有必要将人类行为属性纳入网络舆情传播模型中进行分析。基于扎根理论的质性分析方法，通过情感分类和情感分析进行文本意见的挖掘，分析网络舆情的传播演化规律与特点。相关学者围绕记忆驱动、兴趣驱动、情感驱动 3 个方面开展网络舆情传播建模并进行实证检验。

3.3.2　网络政务舆情研究的技术手段

随着技术的不断进步，相关研究的手段不断增多，数据获取手段、分析工具手段等方面都有极大的进步。①在舆情网络数据的获取方面，传统舆情数据主要通过问卷调查、电话访谈或报纸等传统媒体报道获取，数据来源单一，部分数据获取难度大。随着大数据时代的到来，网络数据呈现爆炸式增长，能够通过爬虫技术等大数据抓取技术批量获取网络舆情数据，此外，网络媒体的多元化为研究提供了多元化的数据来源。②在网络分析手段方面，Gephi、UCINET 等复杂网络工具的快速发展，为网络舆情的分析提供了新的方法和手段，这些网络工具能够对网络舆情传播情况进行直观的刻画，因此这一研究手段也备受研究者的偏爱。③随着系统仿真软件技术的进步，如 STELLA、Vensim、Adams 等软件的发展，为网络舆情模拟仿真研究提供了重要技术支撑，有助于对网络舆情传播演化、回应干预进行更好的模拟仿真。

3.4 小结

本章对国内外关于网络政务舆情的相关文献进行了研究综述，围绕网络舆情相关研究、网络政务舆情研究的主题方向、网络政务舆情研究的主要方法和技术手段开展。我们发现，关于网络舆情的研究内容十分广泛，相关研究主要围绕网络舆情识别预警研究方式和手段、网络舆情传播演化、网络舆情回应干预 3 个方面。网络政务舆情研究热度呈现国内研究热度走低、国外研究热度持续升高的特征，网络政务舆情研究广度集中在自然灾害事件、重大安全事故等领域。网络政务舆情研究的主要方法包括基于传染病模型、复杂网络、考虑行为属性的网络舆情传播演化建模 3 个方面，网络政务舆情的研究手段包括大数据挖掘技术、复杂网络分析技术、系统仿真技术等。未来关于网络政务舆情研究的深度和广度仍有待进一步深化。

本章参考文献

[1]　孙倬，赵红，王宗水 . 网络舆情研究进展及其主题关联关系路径分析 [J].
图书情报工作，2021，65(07)：143-154.

[2]　王高飞，李明 . 我国网络舆情研究的回顾与展望 [J]. 现代情报，2016，
36(05)：172-176.

[3]　付业勤，郑向敏 . 国内外网络舆情研究的回顾与展望 [J]. 编辑之友，
2013(12)：56-58.

[4]　吴锋 . 高校突发事件网络舆情预警系统构建与优化研究 [J]. 系统科学学
报，2020，28(04)：94-97.

[5]　曾润喜，徐晓林 . 网络舆情突发事件预警系统、指标与机制 [J]. 情报杂
志，2009，28(11)：52-54+51.

[6]　武慧娟，张海涛，王尽晖，孙鸿飞，李泽中 . 基于熵权法的网络舆情预警
模糊综合评价模型研究 [J]. 情报科学，2018，36(07)：58-61.

[7]　丁菊玲，勒中坚，薛圈圈 . 定量网络舆情危机预警模型构建 [J]. 图书情报
工作，2011，55(20)：59-63.

[8]　林玲，陈福集，谢加良，李凤 . 考虑风险偏好的网络舆情预警模型 ——
基于直觉模糊和 Choquet 积分 [J]. 情报杂志，2021，40(10)：52 58.

[9]　陈培友，郭靖 . 基于 ANP- 灰色模糊的群体性突发事件舆情风险预警研
究 [J]. 情报探索，2021(07)：9-16.

[10]　杨小溪，郑珊珊，晋兆雨，熊思玥 . 基于信息生态理论的网络舆情预警
评价指标体系研究 [J]. 情报理论与实践，2021，44(03)：143-148.

[11]　丁菊玲，勒中坚，王根生，周萍 . 一种面向网络舆情危机预警的观点柔
性挖掘模型 [J]. 情报杂志，2009，28(10)：152-154+67.

[12]　D MARTENS，L BRUYNSEELS，B BAESENS，et al. Predicting Going
Concern Opinion with Data Mining[J]. Decision Support Systems，2008，
45(4)：765-777.

[13]　N KOBAYASHI. Opinion Mining from Web Documents：Extraction and
Structurization[D]. NaraInstitute of Science and Technology，2007(3).

[14]　兰月新，曾润喜 . 突发事件网络舆情传播规律与预警阶段研究 [J]. 情报
杂志，2013，32(05)：16-19.

[15] 王光辉,刘怡君.基于系统动力学的舆论风险形成及干预策略 [J]. 系统工程,2014,32(05):82-91.

[16] 梅中玲.基于 Web 信息挖掘的网络舆情分析技术 [J]. 中国人民公安大学学报（自然科学版）,2007(04):85-88.

[17] 苏妍嫄,张金纯,张亚明.突发事件网络舆情传播动力学模型综述 [J]. 现代情报,2022,42(12):160-177.

[18] DAMON CENTOLA. The Spread of Behavior in an Online Social Network Experiment[J]. Science,2010,329(5996):1194-1197.

[19] GERNAT TIM, et al. Automated monitoring of behavior reveals bursty interaction patterns and rapid spreading dynamics in honeybee social networks[J]. Proceedings of the National Academy of Sciences of the United States of America,2018,115(7):1433-1438.

[20] 杨娟娟,杨兰蓉,曾润喜,张韦.公共安全事件中政务微博网络舆情传播规律研究：—— 基于"上海发布"的实证 [J]. 情报杂志,2013,32(09):11-15+28.

[21] 程思琪,苏林森.城市交通类网络舆情的传播路径与演化机制 [J]. 城市问题,2020(08):98-103.

[22] 邓建高,张璇,傅柱,韦庆明.基于系统动力学的突发事件网络舆情传播研究：以"江苏响水爆炸事故"为例 [J]. 数据分析与知识发现,2020,4(Z1):110-121.

[23] 赵艺,李平.突发疫情环境下网络舆情传播趋势预测及社会保障应急机制研究 [J]. 情报科学,2021,39(11):45-50.

[24] 王林,张梦溪,吴江.信息生态视角下新冠肺炎疫情的网络舆情传播与演化分析研究 [J]. 情报科学,2022,40(01):31-37+50.

[25] 刘国佳,李玟玟,韩玮,陈安.基于 SNA 的涉民族因素网络舆情传播网络的结构特征分析 —— 以昆明"3.1"暴恐事件为例 [J]. 安全,2022,43(02):12-21.

[26] 刘霞,王光辉.论新时代民族宗教事务网络舆情治理 [J]. 中央社会主义学院学报,2022(01):100-108.

[27] 刘耀煊,马书琴,赵丹.新媒体时代短视频网络舆情传播的影响因素及动态演化研究 [J]. 情报科学,2022,40(04):179-185.

[28] 于兆吉,张嘉桐.基于扎根理论的突发性网络舆情演化影响因素研究

[J]. 东北大学学报（社会科学版），2016，18(05)：498-502+509.

[29]　杨阳，王杰 . 情绪因素影响下的突发事件网络舆情演化研究 [J]. 情报科学，2020，38(03)：35-41+69.

[30]　蒋侃，隋浩，唐竹发 . 企业社会责任网络舆情演化过程与影响因素分析 —— 以恒天然公司乳粉污染事件为例 [J]. 广西社会科学，2014(09)：78-82.

[31]　武晓涵 . 突发公共卫生事件网络舆情热度演化的影响因素研究 [D]. 秦皇岛：燕山大学，2022.

[32]　孙炳韶 . 突发公共事件网络舆情演化过程影响因素分析 [D]. 哈尔滨：黑龙江大学，2017.

[33]　李奇 . 自媒体环境下"北大伤医"医患事件中网络舆情传播影响因素及管理策略研究 [D]. 南昌：江西财经大学，2019.

[34]　吴旭红 . 新媒体时代的网络舆情及其治理范式的转变与创新 [J]. 北方民族大学学报（哲学社会科学版），2017(02)：107-111.

[35]　方付建，汪娟 . 突发网络舆情危机事件政府回应研究 —— 基于案例的分析 [J]. 北京理工大学学报（社会科学版），2012，14(03)：137-141.

[36]　李明，曹海军 . "沟通式"治理：突发事件网络舆情的政府回应逻辑研究 —— 基于 40 个突发事件的模糊集定性比较分析 [J]. 电子政务，2020(06)：32-40.

[37]　王红兵，王光辉 . 社会事件网络舆情的政府干预机制 [J]. 中国科学院院刊，2015，30(01)：97-104.

[38]　原光，曹现强 . "闹大"与"化小"：政务网络舆情地方政府回应中的博弈逻辑 [J]. 湖北社会科学，2021(01)：27-36.

[39]　陈显中 . 政务微博引导网络舆情的机制研究 [J]. 宁夏社会科学，2012(03)：9-13.

[40]　姚翼源 . 高校网络舆情治理的关键问题与实践向度 [J]. 西南民族大学学报（人文社会科学版），2021，42(03)：161-166.

[41]　徐鹏 . 新时代高校舆情治理优化路径研究 [J]. 中国高等教育，2019(Z1)：78-80.

[42]　徐福山，祝兴平 . 微传播时代高校舆情管控的困境与对策 [J]. 中国高等教育，2018(12)：56-58.

[43]　阎海燕，詹凌云，陈明明，屈昊男 . 基于系统动力学的企业危机事件网

络舆情传播与应对研究 [J]. 系统科学学报，2021，29(01)：92-97.

[44] 原光，曹现强，王兆立."涉官"网络舆情中政府回应速度差异与影响因素分析 —— 基于 136 个案例的实证研究 [J]. 情报杂志，2018，37(09)：86-94.

[45] 国务院办公厅. 国务院办公厅关于印发 2018 年政务公开工作要点的通知 [Z]. 国办发〔2018〕23 号. 2018-04-24.

[46] 祁凯，韦晓玉，郑瑞. 基于系统动力学模型的政务短视频网络舆情动力演化分析 [J]. 情报理论与实践，2021，44(03)：115-121+130.

[47] 梁芷铭，周玫，宁朝波. 基于情感本体的网络舆情观点挖掘模型构建 —— 政务微博话语权研究系列之十一 [J]. 情报杂志，2014，33(05)：143-147.

[48] 张雪梅，王友翠. 基于投入产出分析的政务微博舆情信息传播效率评价研究 [J]. 情报科学，2020，38(05)：43-48.

[49] 盛铎，王芳，孟旭. Web2.0 时代的政府治理：郑州市网络问政平台 ZZIC 案例研究 [J]. 电子政务，2012(06)：92-101.

[50] 郭兴全，韩伟. 新形势下反腐倡廉网络舆情：现状、趋势与对策 [J]. 探索，2014(02)：41-46.

[51] 钟伟军，郭剑鸣. 双向吸纳：网络反腐中的国家—社会关系及其转型 —— 基于"严书记"反腐案例的分析 [J]. 社会科学战线，2020(10)：190-203.

[52] 曹军辉，王瑛. 涉腐网络舆情的网格化治理机制研究 [J]. 重庆大学学报（社会科学版），2020，26(06)：211-221.

[53] 刘滨，许玉镇. 网络"舆情问责"的控权机理何以生成？ —— 基于抖音 36 起"涉官"舆情事件的扎根研究 [J]. 电子政务，2021(04)：90-104.

[54] 原光，曹现强. 研判、博弈与调适："涉官"舆情政府回应弹性的影响因素及其作用机理 [J]. 电子政务，2019(09)：44-57.

[55] 陈鹤，曾艺林. 涉官网络谣言的概念、成因与防控 [J]. 电子政务，2014(10)：76-81.

[56] 韩瑞丽. 涉"官"涉"富"案件缘何频遭热议 [J]. 青少年犯罪问题，2011(01)：8-10.

[57] 王晰巍，文晴，赵丹，等. 新媒体环境下自然灾害舆情传播路径及网络结构研究 —— 以新浪微博"雅安地震"话题为例 [J]. 情报杂志，2018，

37(02)：110-116.

[58]　王晰巍，王小天，李玥琪．重大突发事件网络舆情 UGC 的事理图谱构建研究 —— 以自然灾害 7·20 河南暴雨为例 [J]．图书情报工作，2022，66(16)：13-23.

[59]　周义棋，田向亮，钟茂华．基于微博数据的自然灾害应急救助需求评估 [J]．清华大学学报（自然科学版），2022，62(10)：1626-1635.

[60]　陈健瑶，夏立新，舒怡娴．基于句法特征的突发自然灾害网络舆情事件识别方法研究 [J]．现代情报，2022，42(06)：17-26+93.

[61]　赵飞，廖永丰．突发自然灾害事件网络舆情传播特征及影响因素研究 [J]．地球信息科学学报，2021，23(06)：992-1001.

[62]　刘丽群，刘丽华．情感与主题建模：自然灾害舆情研究社会计算模型新探 [J]．现代传播（中国传媒大学学报），2018，40(07)：39-45.

[63]　金占勇，田亚鹏，张洋．突发灾害事件网络舆情特征分析 —— 以 6·23 盐城龙卷风事件为例 [J]．吉首大学学报（社会科学版），2018，39(S2)：72-78.

[64]　林永明．基于动态主题情感模型的煤矿安全事故网络舆情分析 [J]．安全与环境学报，2019，19(04)：1288-1295.

[65]　刘怡君，陈思佳，黄远，等．重大生产安全事故的网络舆情传播分析及其政策建议 —— 以 "8·12 天津港爆炸事故" 为例 [J]．管理评论，2016，28(03)：221-229.

[66]　刘畅，郭亮，范在予．基于网络舆情的特大城市交通问题识别与治理对策探析 —— 以武汉市为例 [J]．城市问题，2022(06)：77-87.

[67]　滕靖，刘韶杰，龚越，王文．交通事件网络舆情分析方法 [J]．交通信息与安全，2019，37(06)：139-148.

[68]　王雯，刘蓉．食品安全网络舆情危机治理的公共政策研究 —— 基于公害品视角 [J]．理论与改革，2014(03)：119-122.

[69]　覃冰玉．从风险到行动：环境群体性事件的生成逻辑 —— 以广东茂名 PX 事件为例 [J]．齐齐哈尔大学学报（哲学社会科学版），2020(08)：71-74.

[70]　彭小兵，邹晓韵．邻避效应向环境群体性事件演化的网络舆情传播机制 —— 基于宁波镇海反 PX 事件的研究 [J]．情报杂志，2017，36(04)：150-155.

[71] 宾宁,杨树标,胡凤.突发事件网络舆情演化的博弈分析——以茂名 PX 事件为例 [J].情报探索,2017(01):32-39.

[72] 田进,朱利平,曾润喜.网络舆情交互触发演变特征及政策议题建构效果——基于系列"PX 事件"的案例研究 [J].情报杂志,2016,35(02):133-138.

[73] 虞铭明,朱德米.环境群体性事件的网络舆情扩散动力学机制分析——以"昆明 PX 事件"为例 [J].情报杂志,2015,34(08):115-121.

[74] 陈天林,刘爱章.网络时代预防和处置生态环境型群体性事件的新思路——透视厦门 PX 事件 [J].科学社会主义,2009(06):111-113.

[75] 龚艳.面向公共卫生安全网络舆情预警的弱关联挖掘方法研究 [J].情报科学,2022,40(06):19-24.

[76] 马腾,殷跃,赵树宽,李佳玮.多维数据融合的突发公共卫生事件网络舆情演化特征研究 [J].情报理论与实践,2022,45(12):170-177.

[77] 王磊,易扬.公共卫生危机中的数字政府回应如何纾解网络负面舆情——基于人民网"领导留言板"回复情况的调查 [J].公共管理学报,2022,19(04):65-78+169.

[78] 高若凌.医患伦理冲突网络舆论生成机理研究——以"陕西榆林产妇坠楼事件"为例 [J].河南教育学院学报（哲学社会科学版）,2021,40(03):46-49.

[79] 俞欢.新媒体形势下的舆论场中医患话语权博弈——"湘潭产妇死亡"事件舆情分析 [J].科技传播,2016,8(06):13-14.

[80] 余靓豪.新闻图片的"决定性瞬间"对网络舆论传播的影响研究——以"西安某医院医生手术室里玩自拍"事件为例 [J].新闻研究导刊,2017,8(22):78-79.

[81] 平健.大数据时代民族关系网络舆情的应对策略 [J].中央社会主义学院学报,2021(05):151-160.

[82] 李京桦,华锋.新时代民族地区网络舆情治理效能提升的创新逻辑 [J].贵州民族研究,2021,42(04):69-75.

[83] 陈强.新时代民族地区地方政府网络舆情治理研究——以凉山州木里县"3·30"森林火灾为例 [J].情报杂志,2019,38(12):120-125.

[84] 张丽君,黄明涛.边疆民族地区网络民族舆情治理探索——以"整体治理"理论为基础 [J].广西民族研究,2019(01):54-64.

[85] 严庆，崔舒怡．涉及民族因素的网络舆情解析 —— 以群体极化的视角 [J]．中南民族大学学报（人文社会科学版），2018，38(01)：17-21.

[86] 徐祥运，赵燕楠．新媒体时代涉民族因素网络舆情研究 [J]．黑龙江民族丛刊，2021(04)：52-57.

[87] 李倩倩，姜景，李瑛，刘怡君．我国政务微博转发规模分类预测 [J]．情报杂志，2018，37(01)：95-99.

[88] 王光辉，刘怡君，迟钰雪．舆论危机的异化极化效应研究 [J]．管理科学学报，2017，20(03)：149-161.

[89] 毛太田，汤淦，严岩，董惟浩，谢华．突发公共卫生事件的舆情传播影响因素及治理策略研究 [J]．科技情报研究，2022，4(04)：40-53.

[90] DALEY D J，KENDALL D G. Stochastic rumours[J]. Journal of Applied Mathematics，1965，1：42-55.

[91] MAKI D P，THOMPSON M. Mathematical Models and Applications：With Emphasis on the Social，Life and Management Sciences[J]. Prentice Hall，1973.

[92] AIDAN SUDBURY. The proportion of the population never hearing a rumour[J]. Journal of Applied Probability，1985，22(2)：443-446.

[93] 谢卫红，杨超波，朱郁筱．食品安全网络舆情的重复感染 SIR 模型研究 [J]．系统工程学报，2022，37(02)：145-160.

[94] 陈莫凡，黄建华．基于 SEIQR 演化博弈模型的突发网络舆情传播与控制研究 [J]．情报科学，2019，37(03)：60-68.

[95] 赵剑华，万克文．基于信息传播模型 -SIR 传染病模型的社交网络舆情传播动力学模型研究 [J]．情报科学，2017，35(12)：34-38.

[96] 陈波，于泠，刘君亭，褚为民．泛在媒体环境下的网络舆情传播控制模型 [J]．系统工程理论与实践，2011，31(11)：2140-2150.

[97] 孙庆川，山石，兰田田．一个新的信息传播模型及其模拟 [J]．图书情报工作，2010，54(06)：52-56+79.

[98] 刘亚州，王静，潘晓中，付伟．节点影响力下无标度网络谣言传播研究 [J]．小型微型计算机系统，2018，39(11)：2375-2379.

[99] 王金龙，刘方爱，朱振方．一种基于用户相对权重的在线社交网络信息传播模型 [J]．物理学报，2015，64(05)：71-81.

[100] HUO LIANG，CHEN SIJING，ZHAO LAIJUN. Dynamic analysis of the

rumor propagation model with consideration of the wise man and social reinforcement[J]. Physica A: Statistical Mechanics and its Applications，2021，571.

[101] 夏志杰，吴忠，王筱莉，谢妍曦．社会化媒体谣言自净化机制的定量模拟研究 [J]. 现代情报，2019，39(03)：101-108.

[102] 洪巍，史敏，洪小娟，浦徐进．食品安全网络舆情中网民微博转发行为影响因素研究 —— 以上海福喜事件为例 [J]. 中国人口·资源与环境，2016，26(05)：167-176.

第二篇　理论篇

第 4 章

影响因素

4.1 政务舆情传播的驱动关系

随着互联网社交媒体的普及和发展，融传统媒体与新兴媒体、融传媒与受众互动于一体的"融媒体"时代迅速到来，各类媒体相互渗透、相互影响，形成了相对独立的媒介环境。在高时效、碎片化、互动性的融媒体时代，媒体人和受众的界限划分正在淡化，"权威发布"被个性化重新定义，专业、精细、特色的新一代媒体人借助移动互联网技术的高速发展，在各种社交媒体或平台上转战、定位，彰显个性价值，迅速成为融媒体的中坚力量。融媒体的出现将政务舆情多元利益体的舆情要素碎片化、立体化、复杂化，媒介所有权、信息采集和新闻表达的融合不断出现新的形式并升级。

融媒体时代，政务舆情传播表现出鲜明的"刺激—反应"过程。刺激通常包括舆情事件及刺激性信息，网络大V的解读、评论和炒作，社交媒体对特定网络结构的重组和加速等；反应则为持续扩散的舆情信息。分析政务舆情传播的"刺激—反应"过程是一项复杂的系统工程，涉及舆情事件及刺激性信息引发舆情信息持续传播、社交媒体网络大V炒作加速舆情信息传播的速率、社交媒体网络传播结构重组加速舆情信息持续传播等多维驱动关系（见图4-1）。本节将进一步对各维度驱动关系的作用机理予以分析。

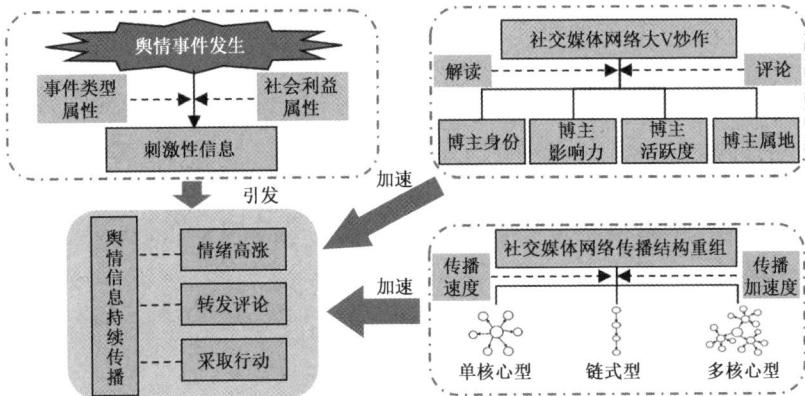

图 4-1　政务舆情信息传播的主要多维驱动关系

4.1.1 舆情事件刺激性信息引发舆情传播

舆情事件的发生是不可避免的,但当事件涉及与人民生活息息相关的民生问题时,便会与特定的社会矛盾或社会利益交织,引发社会民众的共鸣,并形成特定的社会舆论。有研究佐证过这一结论,即当舆情事件议题涉及"涉腐""涉富""涉权""涉黑"等时,极易引发社会关注,导致民众情绪高涨,舆情信息快速传播。

4.1.2 社交媒体网络大 V 炒作加速舆情传播

网络大 V(又称"意见领袖")是指在推特、微博等社交媒体上十分活跃且拥有大量粉丝的"公众人物",他们能够非正式地影响别人的态度,或者在一定程度上改变他人的行为。如果具有一定身份、影响力、活跃度的个体成为网络大 V,他们则可能通过发表过激言论,迎合广大网民或社会民众的心理而获取关注,最终推动更多网民参与舆情事件的讨论,并进一步加速政务舆情信息的传播速率。例如,2011 年中国温州动车事故发生后,某网络大 V 编造的攻击高铁和铁道部的谣言,迅速传遍整个互联网,成为当时政务舆情信息聚焦的中心。

4.1.3 社交媒体网络传播结构重组加速舆情传播

政务舆情信息一般通过单核心型、链式型或多核心型模式进行传播,不同网络结构对政务舆情信息的传播效率具有差异性。单核心型模式的舆情信息传递速率较快,关键传播节点多为强势意见领袖型用户(强势节点),用户意见的凝结力强。链式型传播模式先在小范围内进行传播,传播主要节点并非全部都是强势节点,信息的传播扩散性较弱。多核心型模式传播的发生必须包括强势节点和桥节点,舆情传播影响力最大。政务舆情信息实际传播过程通常同时含上述 3 种传播模式,不同传播模式下的网络用户节点属性通常具有差异性。

4.2 政务舆情传播的多维要素

政务舆情传播基于数据结构化分析,以复杂网络建模理论为依据,梳理舆情多层、多元要素间的相互影响关系，并由此构建包含"社交维""心理维""观点维""环境维"的多维立体网络模型。

社交维：舆情参与人的社交关系属性和状态属性的网络建模，即社交维子网关系属性建模。社交维子网关系属性建模以舆情参与人为节点，以参与人间的关注或粉丝关系为边。社交维子网状态属性建模则以舆情参与人为建模对象，集成其粉丝量、用户等级等要素，获取舆情参与人 i 的状态属性，取值 [0, 1]，用以表示其发表自媒体舆情的状态。其中，0 表示舆情参与人处于发表信息的完全不应状态，1 表示其处于完全激发状态。

$$\text{Activity}(A_i) = \left[\frac{A_{i_3}}{100} + \frac{A_{i_2}}{(A_{i_2} + q)} + \frac{A_{i_1}}{(A_{i_1} + p)} \right] \Big/ 3$$

其中，$\text{Activity}(A_i)$ 表示舆情参与人 i 的活跃度状态属性；A_{i_1} 表示参与人 i 的自媒体粉丝数，A_{i_2} 表示参与人 i 的微博数，A_{i_3} 表示参与人 i 的等级值；p 和 q 分别表示所有舆情参与人粉丝数和微博数的平均值。

心理维：舆情参与人对舆情信息的心理情绪及其转化关系的网络建模。舆情信息 i 的心理情绪 $\text{Emotion}(P_i)$ 反映舆情参与人对舆情信息的态度及心理偏好，心理情绪具体由每条舆情信息主要关键词的心理评分均值来表征。本书借鉴"利克特量表（Likert scale）"对个体心理的分类方式，将主要关键词心理评分及心理情绪 $\text{Emotion}(P_i)$ 的取值定为 [0, 1]，并将相关的心理情绪类型分为 5 类（见表 4-1），每类心理情绪分别由 0.2 范围内的数值表示，数值越小，表示舆情参与人对舆情信息的心理态度倾向越消极。舆情信息心理情绪转化关系建模主要从时间变化的角度，表征各类心理情绪值（节点）的内在转换关系（连边）。

$$\text{Emotion}(P_i) = \frac{\sum s_j^{\mathrm{T}} \times n_j^{\mathrm{T}}}{\sum n_j^{\mathrm{T}}}$$

其中，$\text{Emotion}(P_i)$ 表示每条舆情信息的心理情绪值；s_j^{T} 表示舆情信息关键词 j 对应的心理评分；n_j^{T} 表示在某条舆情信息中，关键词 j 出现的频次。

表 4-1　舆情信息心理情绪类型

心理情绪类型	非常消极	消极	中立	积极	非常积极
属性值	[0, 0.2)	[0.2, 0.4)	[0.4, 0.6)	[0.6, 0.8)	[0.8, 1.0)

观点维：舆情参与人的观点关键词属性及其共现关系的网络建模。观点关键词属性建模，即观点维子网节点属性建模，是指通过专家会商的方式，确定舆情

常用和特殊关键词 i 的心理评分 Score(K_i)，即上文提到的 s_j^T。观点关键词共现关系建模，即观点维子网连边关系建模，具体应用 ICTCLAS 分词技术，获取各条舆情信息主要关键词 K_i 及其共现关系，并由此建立观点及其关键词的共现关系网络。

环境维： 舆情参与人的环境标签属性及其分组关系的网络建模。环境标签属性建模，即环境维子网节点属性建模，是指通过专家会商的方式，从兴趣、地域、年龄、性别、职业等标签中，确定可能影响舆情传播、链接关系建立的环境标签。环境标签分组关系建模，即环境维子网连边关系建模，具体根据不同类型环境标签的特点，结合其影响舆情传播、演化驱动性的高低，对环境标签进行重新分组。

政务舆情信息传播机理相对较复杂，是多维、多层、多属性要素协同作用的结果。因此，本书在每个维度尽量选取多个变量，并以上述基本模型构建为基础，建立多维要素计量模型，各维度相关解释变量的界定情况如下。

4.2.1　信息禀赋属性要素

信息禀赋属性是舆情传播的原动力，当事件涉及与人民生活息息相关的民生问题时，它便会与特定的社会矛盾或社会利益交织，引发舆情信息的传播和扩散。本研究将信息禀赋属性总结为事件类型属性、信息情绪属性、舆情议题属性、信息规模属性，并将其作为计量模型第一个维度的潜在解释变量。

事件类型属性： 本研究以积极和消极两种状态表征舆情事件类型，即该解释变量为哑变量，具体可用 0 和 1 两个数值表示。0 表示舆情事件类型为消极；1 表示舆情事件类型为积极。对于事件类型属性变量具体取值的界定，本研究选取 30 名专家对相应舆情事件的积极、消极情况分别进行多轮评估。上述专家包括 10 名政府官员、10 名专家教授和 10 名普通民众。

信息情绪属性： 信息情绪属性反映舆论参与人对舆情信息的态度及心理偏好。本研究主要采用关键词心理评分均值的形式予以表征。为了研究方便，将主要关键词心理评分及舆情信息情绪属性 Emotion(P_i) 的取值定为 [0,9]。数值越小表示舆情信息情绪属性倾向越消极。

$$\text{Emotion}(P_i) = \frac{\Sigma s_j^T \times n_j^T}{\Sigma n_j^T}$$

其中，Emotion(P_i) 表示每条舆情信息的情绪属性值；s_j^T 表示舆情信息关键词 j 对应的心理评分；n_j^T 表示在某条舆情信息中，关键词 j 出现的频次。

舆情议题属性： 在不同的舆情交互环境下，活跃网民通常会从个人社会背景和利益诉求出发，对舆情事件及其相关信息进行评论、转发、解读，将其社会态度逐渐融入信息传播过程，并由此形成同一舆情事件下的不同讨论议题。本研究同样选取上述 30 名专家，对各条舆情信息所属的议题类型进行多轮评估，并同样以积极和消极两种状态表征舆情议题类型属性。0 表示舆情议题属性为消极；1 表示舆情议题属性为积极。

信息规模属性： 不同于信息情绪属性，信息规模属性更多表征信息所反映的有效内容含量，具体可以用舆情信息所包含的关键词数量或关键字数量核算。为了研究方便，本研究假设舆情信息字与字间的内容含量无本质差异，可以统一用信息字数表示单条舆情信息的规模，字数越多表示此条舆情信息规模越大，反之则表示此条舆情信息规模越小。

4.2.2　传播网络结构要素

互联网的本质是一种复杂网络，该网络符合幂律函数的基本形式。社交媒体舆情信息一般通过单核心型、多核心型和链式型模式等网络结构进行传播。上述不同传播模式可以用复杂网络的属性指标予以表示，如节点入度值可以表示传播网络结构是否属于单核心型模式。本研究从单核心型、多核心型和链式型模式的表征指标出发，结合数据的可获取性，选取传播网络节点入度、接近中心度、中间中心度和聚类系数作为传播网络结构要素。

节点入度： 节点入度是指进入该节点的边的条数。对于社交媒体而言，传播网络节点入度具体是指网络上接收该节点信息的传播路径条数或节点数量。在计量模型多维要素选取过程中，本研究假设节点入度是影响舆情信息传播扩散的潜在网络结构要素之一。

接近中心度： 接近中心度主要考量节点到其他节点的最短路径平均长度，即节点距离其他节点越近，则其接近中心度越高。对于社交媒体，网络节点接近中心度具体是指该节点接收其他节点舆情信息的距离，即便利程度。在计量模型多维要素选取过程中，本研究假设接近中心度是影响舆情信息传播扩散的潜在网络结构要素之一。

中间中心度： 中间中心度指的是一个节点担任其他两个节点之间最短路的桥梁次数，即一个节点充当"桥梁"的次数越高，其中间中心度就越大。对于社交媒体，中间中心度越高的节点越有可能成为社交达人，我们的舆情信息可能都是通过他们传播或获取的。因此，本研究假设中间中心度是影响舆情信息传播扩散的潜在网络结构要素之一。

聚类系数：聚类系数是表示复杂网络节点聚集程度的系数。在特定的社交网络中，用户节点可能总是趋向于建立一组严密的舆情信息传播关系。这种可能性往往比两个节点之间随机传播信息的平均概率更大。在计量模型多维要素选取过程中，本研究假设聚类系数是影响舆情信息传播扩散的潜在网络结构要素之一。

4.2.3　用户等级属性要素

舆情信息传播驱动关系分析显示，有一定身份、影响力、活跃度的网络用户可以通过改变网络议程或发表过激言论，迎合广大网民的心理，并最终推动更多网民参与舆情事件讨论，加速舆情信息的持续传播。因此，本研究还将选取网络用户等级属性维度的要素，作为计量模型的解释变量，具体包括网络用户身份属性、网络用户影响力属性、网络用户活跃度属性、网络用户地域属性。

网络用户身份属性：网络用户身份属性反映社交媒体用户的网络社会阶层，具体可分为普通用户和网络大 V。其中，网络大 V 的舆情信息传播范围广泛、影响力大。为有效区分网络用户身份属性，本研究采用哑变量表示该解释变量，即 0 表示用户身份属性为普通用户；1 表示用户身份属性为网络大 V。

网络用户影响力属性：网络用户影响力是指用户在网络中对其他人的影响程度，如其舆情信息被其他网民接收的范围和程度。在社交媒体中，影响力较大的用户通常可以作为重要的信息源，针对重大舆情事件提出新颖独到的见解，吸引更多用户参与讨论，并能够影响到大众的观点。本研究假设网络用户影响力属性是影响舆情信息传播的潜在用户等级要素之一。

网络用户活跃度属性：网络用户活跃度是指用户的网络在线时长和登录频次。对于社交媒体而言，其网络用户活跃度更强调其针对舆情事件的发言频次，网络言论越多代表其活跃度越高，故网络用户活跃度可以用其社交媒体博文数量予以表征。在计量模型多维要素选取过程中，研究假设网络用户活跃度是影响舆情信息传播的潜在用户等级要素之一。

网络用户地域属性：网络用户地域属性是指用户所在的地域特征属性，即中心区域或非中心区域。在社交媒体出现之前，普通民众的地域属性会影响其社会信息的接收与传播，这是因为中心地区广播、电视、报纸等传统媒体较为发达，民众接收舆情信息的渠道更多，对舆情信息也较容易接受。为进一步探究网络社交媒体是否存在同一现象，本研究假设网络用户地域属性是影响网络舆情信息传播的潜在用户等级要素之一。

4.3　小结

融媒体时代政务舆情传播的隐蔽性、动态性和复杂性，改变了传统"点到面"的传播路径，转化为"点到点"的对等传播方式。舆情事件刺激性信息、社交媒体网络大 V 炒作、社交媒体网络传播结构重组等均能引发并加速政务舆情的传播，信息禀赋、传播网络结构、用户等级属性等也成为影响政务舆情传播的关键要素。这一背景下，各级政府及其相关职能机构不仅是政务舆情的发布者，更是舆情信息的回应者和参与者，政务舆情涉及的利益主体不仅包括社会事件及各类社交媒体，更涉及各级政府及其相关职能机构。政务舆情生态治理是我国网络强国建设的基础保障，融媒体时代，政务舆情发展迅速、传播演化多样，及时识别监控、准确研判预警、适当引导干预，已成为政府正确引导政务舆情的先决条件。

本章参考文献

[1] AUGUSTINE，NORMAN R. Crisis management[J]. Beijing：China Rennin University Press，2001：136-159.

[2] KIM H S. Attracting Views and Going Viral：How message features and news-sharing channels affect health news diffusion[J]. Journal of Communication，2015，65(3)：512-534.

[3] KUSEN E，STREMBECK M，CASCAVILLA G，et al. On the influence of emotional valence shifts on the spread of information in social networks[C]// IEEE/ACM International Conference on Advances in Social Networks Analysis & Mining. ACM，2017.

[4] LIU Y J，LI Q Q，TANG X Y，et al. Superedge prediction：What opinions will be mined based on an opinion supernetwork model?[J] Decision Support Systems，2014，64(3)：118-129.

[5] LIU Z，LIU L，LI H. Determinants of information retweeting in microblogging[J]. Internet Research Electronic Networking Applications & Policy，2012，22(4)：443-466(24).

[6] LORENZ J，URBIG D. About the power to enforce and prevent consensus by manipulating communication rules[J]. Advances in Complex Systems，2007，10(2)：251-269.

[7] QU Y，HUANG C，ZHANG P，et al. Microblogging after a major disaster in China：a case study of the 2010 Yushu earthquake[C]// ACM Conference on Computer Supported Cooperative Work，CSCW 2011，Hangzhou，China，March. DBLP，2011：25-34.

[8] SUCHECKI K，MIGUEL M S，EGUILUZ V M. Voter model dynamics in complex networks：Role of dimensionality，disorder and degree distribution[J]. Physical Review E Statistical Nonlinear & Soft Matter Physics，2005，72(3 Pt 2)：036132.

[9] TSUGAWA S，OHSAKI H. Negative Messages Spread Rapidly and Widely on Social Media[C]// ACM on Conference on Online Social Networks. ACM，2015：151-160.

[10] WANG G H, LIU Y J, LI J M, et al. Superedge coupling algorithm and its application in coupling mechanism analysis of online public opinion supernetwork[J]. Expert Systems with Applications An International Journal, 2015, 42(5): 2808-2823.

[11] WINDSOR D. Public affairs, issues management, and political strategy: opportunities, obstacles, and caveats[J]. Journal of Public Affairs, 2001, 1(4): 382-415.

[12] WOELKE P J, KOCH S. Personal Influence. The Part Played by the People in the Flow of Mass Communication[C]// Schlüsselwerke der Medienwirkungsforschung. Springer Fachmedien Wiesbaden, 2016.

第 5 章

话题识别

5.1　政务舆情话题提取

作为当前舆情传播和扩散的主要载体，自媒体网络的舆情信息来自四面八方。在自媒体时代，每个人都在从独立获得的资讯中对事物做出判断。政务舆情传播的超地域性、隐蔽性和复杂性，改变了传统"点到面"的传播路径，转化为"点到点"的对等传播方式，这种传播方式下的网络舆情突出表现为：政务舆情话题层出不穷，热度持续走高；谣言信息肆意蔓延，社会心理病态；虚拟力量在现实中转化，群体事件滋生。2013 年棱镜门事件、2014 年马航失联事件等均在各媒体平台引发广泛讨论，并不断滋生出诸多难以预测的次生舆论话题，严重制约社会、经济的稳定与持续发展。因此，自媒体时代政务舆论话题的检测、挖掘与识别研究逐渐引起社会学者、管理专家和政府官员的关注和重视。

在人人都是"麦克风"的自媒体时代，网民社会角色和利益诉求的复杂差异影响着政务舆情信息的加工和传播，传统网络分析方法已不能满足研究需要。本书基于政务舆情传播的多维、多层、多属性特征，应用元矩阵思想分析各舆情要素间的关联，借鉴社会心理学、系统科学等对要素属性的分类方式，构建面向政务舆情拓扑规律的"多维网络模型"，并以此作为后续政务舆情话题识别研究的结构基础和底层载体。

5.1.1　政务舆情构成要素及其系统分析

政务舆情具有典型的大数据特征，如何从海量的碎片化信息中窥探政务舆情要素是其网络模型构建的首要任务。通过对已有研究的梳理，政务舆情的话题提取利用"社会舆情信息挖掘平台"采集的舆情案例数据为基础，在实证部分将开源的微博政务舆情数据要素总结为舆情事件微博发帖数、微博发帖人及其粉丝数、等级值，微博信息转发、评论、点赞人及其数量，微博信息关键词及其共现关系，微博信息情绪、态度及偏好程度等。

上述舆情信息构成要素主要涉及 3 个层面：舆情参与人及其属性、舆情观点及其关键词构成、舆情态度及其心理偏好。现有舆情研究主要关注舆情参与人及其属性关系层面的网络系统分析，部分研究也仅讨论舆情参与人和观点关键词的网络系统关系。本节从舆情参与人、观点和态度 3 层要素的交互关系出发，探讨自媒体端政务舆情要素的网络系统关系。因此，为全面反映政务舆情要素的系统特征，通过对自媒体端政务舆情要素的集成和信息演变规律的认识，总结舆情信息 3 层要素间的相互影响关系，构建由社交、心理、观点要素在一定环境下集成的政务舆情要素系统分析框架。

5.1.2 舆情多维网络模型的要素拓扑关系

基于政务舆情要素系统分析框架，政务舆情研究以复杂网络建模理论为依据，对网络舆情要素间的相互影响关系进行结构化处理，并由此构建包含"社交维""心理维""观点维"的多维网络模型（见图 5-1）。

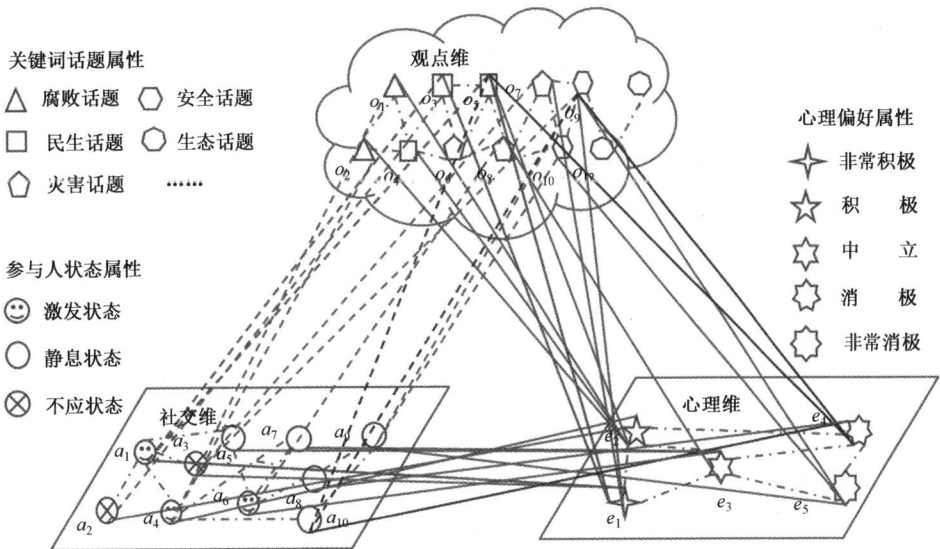

图 5-1 舆情多维网络模型网络结构示意图

5.1.3 多维网络模型结构属性及其功能分析

在政务舆情多维网络模型中，各维度子网内和子网间的节点以不同方式链接、依赖、嵌套，相应的模型结构包括子网内结构和子网间结构。

1. 子网内结构属性及其功能

多维网络模型包括3层网内结构，即社交维子网、心理维子网、观点维子网。各层子网均可看作一个单层社会网络，故网内结构属性可借用社会网络分析中心度、最短路径、聚集系数等结构属性测度指标，分别评价社交维子网"参与人"的社交影响力、舆情传播效率、关注或回复密度等，分别评价心理维子网"信息"的主要心理情绪、情绪转化效率、转化关系密度等，分别评价观点维子网"观点"的核心关键词、关键词组合效率、共现关系密度等。

2. 子网间结构属性及其功能

根据自媒体舆情的事实传播特征，结合链路预测思路，研究者将社交维、心理维、观点维子网的相关节点串联，得到多维网络模型的一条超边，再进一步将各条超边关系集成到上述3层网内结构，可建立多维网络模型，用于刻画自媒体舆情的整体态势。包括4条自媒体舆情信息的多维网络模型纵向切面示意图见图5-2，多维网络模型的超边列表见表5-1。

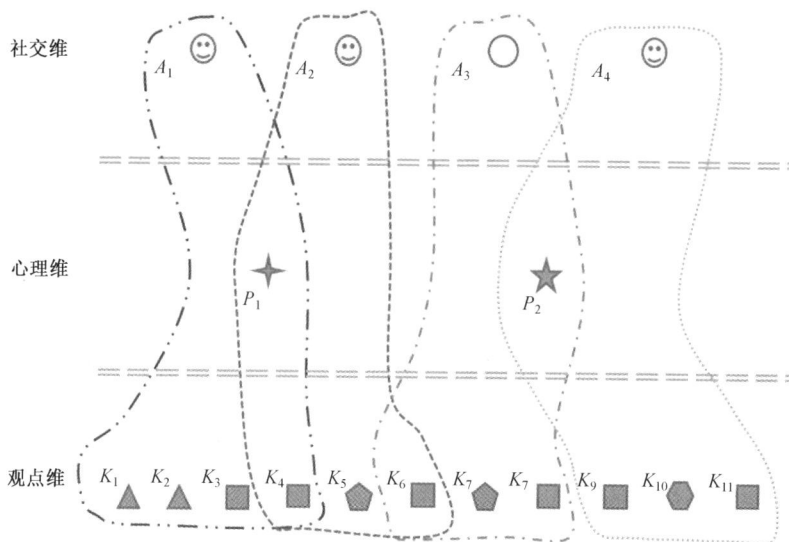

图 5-2 多维网络模型纵向切面示意图

表 5-1　"多维网络模型"的超边列表

超边	社交维节点	心理维节点	观点维节点
SE_1	A_1	P_1	K_1
SE_2	A_1	P_1	K_2
SE_3	A_1	P_1	K_3
SE_4	A_1	P_1	K_4
SE_5	A_2	P_1	K_4
SE_6	A_2	P_1	K_5
SE_7	A_2	P_1	K_6
SE_8	A_3	P_2	K_6
SE_9	A_3	P_2	K_7
SE_{10}	A_3	P_2	K_8
SE_{11}	A_4	P_2	K_9
SE_{12}	A_4	P_2	K_{10}
SE_{13}	A_4	P_2	K_{11}

在图 5-2 中，不同超边根据其是否与相同的舆情参与人相关、是否具有相同的心理情绪、是否存在观点关键词交叉现象，判断其反映的舆情内涵是否具有差异性。超边 SE_1 和超边 SE_5 表示不同舆论参与人在相同心理偏好属性下，发表不同的关键词话题属性；超边 SE_4 和超边 SE_5 表示不同舆论参与人在相同心理偏好属性下，发表相同的关键词话题属性；超边 SE_1 和超边 SE_8 表示不同舆论参与人在不同的心理偏好属性下，发表不同的关键词话题属性；超边 SE_7 和超边 SE_8 则表示不同舆论参与人，虽具有不同的心理偏好属性，但发表了相同的关键词话题属性。

5.2　政务舆情话题识别

政务舆论话题识别研究是一项复杂的多学科系统工程，广泛涉及社会心理学、复杂系统科学、政治学、计算机科学等。社会心理学视角主要从舆情内容本身出发，将网站、论坛、微博等平台的新闻、帖子数量作为话题关注度的参考值，并按频率和时间对话题热度进行打分排序。复杂系统科学视角则是以政务舆情发布、传播的网络结构为基础，利用社会网络模型的相关参数，如模块化系数、点度中心度、特征向量中心度等，发掘意见领袖或热点关键词。计算机科学视角更多地从技术层面关注政务舆情话题聚类方法的选择和优化，话题识别早期评测使用较多的聚类算法主要包括 k-means（k 均值聚类）算法和 Single-Pass 算法。随后，相关研究对比不同聚类算法在网络话题识别中的效果，并对各种算法进行改进、融合使其效果最优化。优化后的算法具体包括增量层次聚类算法、增量 k 均值算法、k 最近邻算法等。

网络舆论研究载体一定程度上制约着政务舆情话题检测、识别的精度和准度。相关政务舆情话题聚类识别算法或基于文本内容的相似性搭建，或基于本文计量统计数据构建，或基于文本关注网络结构设计。文本内容相似性分析、文本传播权威度统计是网络政务舆情研究的基础，由此构建的政务舆情话题识别算法精准度相对较低，主要用于检测传统新闻网站发布的静态集中式网络舆论话题。网络结构是话题识别的主要研究载体，可以满足交互式舆论话题检测、挖掘和识别的要求，相关研究以舆论文本的交互关系为基础，构建单层社交网络或观点网络，并通过网络结构相似性的分析，构建相关政务舆情话题识别算法。

自媒体时代，网络舆情的即时性、开放性、"传受"角色模糊及"把关人"制度削弱等特点增加了网络舆论话题识别的复杂度。但是，现有关于政务舆情的研究更多从计算机算法优化角度开展网络政务舆论话题检测，并未充分考虑自媒体舆论话题产生、交互、传播的真实过程。当前部分研究采用社交网络或观点网络的结构相似性开展政务舆论话题识别算法设计，但这些研究或仅关注舆论发布者的交互关系，或仅强调舆论核心观点的共现关系，未从舆论传播系统性的角度对各层网络的内在聚合关系予以分析，更未有效鉴别网络政务舆论话题的心理倾向，这给自媒体时代的政务舆论话题的科学识别、检测和引导造成了一定困扰。在政务舆情网络及话题检测系统的研究中，研究者基于政务舆论传播过程，构建舆论多维网络模型，以打破传统分析工具对舆论研究的诸多限制。研究者充分结合各维网络内外结构相似性和内容相似性的分析，设计了一种面向多维网络的政务舆论话题检测算法，并将其应用于具体事件的政务舆情话题挖掘和识别过程中。

5.3 政务舆情话题检测

自媒体时代，政务舆情话题复杂多变，我们在对政务舆情形成机理进行分析的基础上，需要结合政务舆情多维网络模型，综合考虑社交维、心理维、观点维子网结构和内容属性对话题形成的驱动作用，提出政务舆情多维网络的话题检测算法。

5.3.1　政务舆情事件的话题形成机理

随着自媒体舆情的发生和演化，不同的政务舆情话题逐渐形成、传播和扩散。从语义的表达层次上看，话题是比舆情事件更具体的概念。在同一个话题的讨论中，不同政务舆情参与人会根据其个人社会背景和政治诉求，采用不同的关键词组合，表达个人观点和态度，并将其融入话题的传播过程中。根据不同的信息粒度，一件舆情事件通常包含 n 个（$n \geq 1$，且为整数）话题、$n \times m$ 种（$n \times m \geq 1$，且为整数）观点、$n \times m \times q$ 个（$n \times m \times q \geq 1$，且为整数）关键词。同一个关键词可能出现在不同的观点中，如关键词 K_7 同时出现在观点 G_3、G_6 和 G_8 中（见图 5-3）。基于政务舆情事件的话题形成机理，特定话题可用舆情关键词词对或词组的形式表达，如政务舆情话题 $H_1 = \{K_1, K_2; K_1, K_3; K_2, K_3; K_4, K_5\}$。

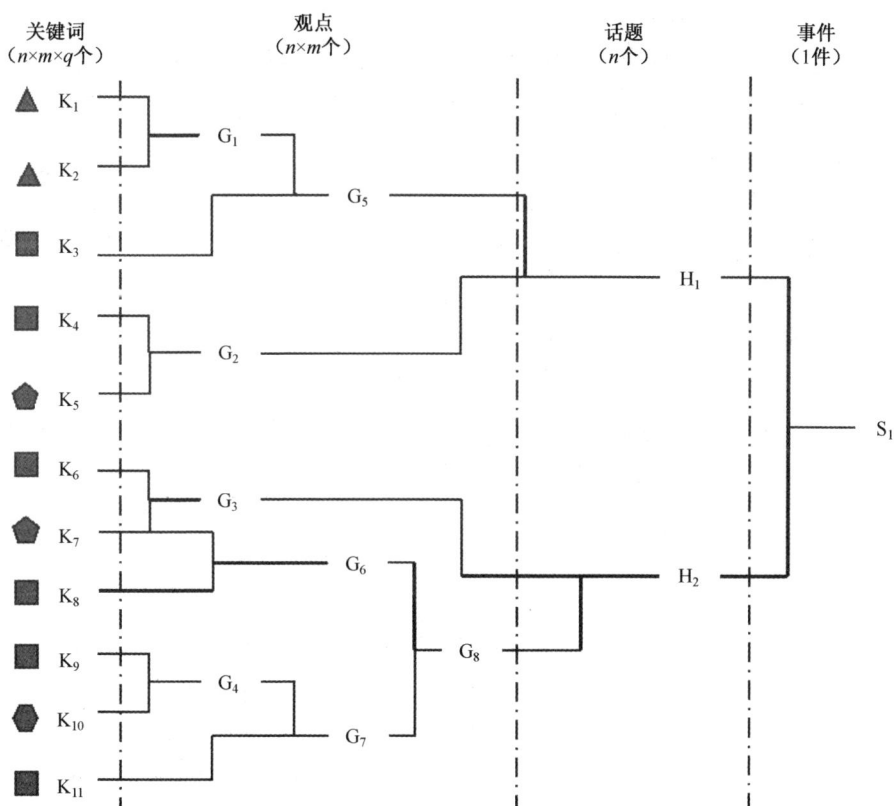

图 5-3　政务舆情事件的话题形成机理

5.3.2 多维网络政务话题检测算法的基本结构

以政务舆情事件的话题形成机理为基础，以下所构建的多维网络政务话题检测算法，主要探讨社交维、心理维要素影响下的观点维关键词网络聚类过程，即通过不断计算和对比不同类型关键词网络的结构相似性、内容相似性和点对相似性，识别各阶段需要聚类的关键词对，并通过循环计算、对比和聚类，获取政务舆情的各个话题组。多维网络政务话题检测算法简要的算法结构主要包括 5 个模块，分别为自媒体政务舆情多维网络模型构建；观点维子网各类关键词网络关系获取；观点维子网各类关键词点图线图转换；观点维子网各类线图节点相似性计算；基于线图节点相似性矩阵的舆情观点聚类。

1. 自媒体政务舆情多维网络模型构建

多维网络模型通过对舆情社交维、心理维和观点维节点属性和关系的定义，综合反映自媒体政务舆情"点到点"的对等传播方式。本节以微博等自媒体平台 n 个博主发布的 N 条舆情信息为基础，采用上述多维网络模型对各维节点属性、关系及超边的定义方式，获取多维网络模型各维节点属性值向量、各维节点关系矩阵和维间超边矩阵。

- 各维节点属性值向量分别由 A、P、K 表示。A 向量元素为 Activity(A_i)，其中，$i = 1,2,3,\cdots,n$；P 向量元素为 Emotion(P_i)，其中，$i = 1,2,3,\cdots,m$，m 是 N 条舆情信息所涉及的心理属性值的数量；K 向量元素为 Score(K_i)，其中 $i = 1,2,3,\cdots,t$，t 是 N 条舆情信息所包含的关键词数量。

- 各维节点关系矩阵包括邻接矩阵和关联矩阵，矩阵元素仅包含 0 和 1，1 表示存在邻接或关联关系，0 则代表不存在邻接或关联关系。社交维、心理维和观点维内部节点与节点的链接状况用邻接矩阵 A_L、P_L、K_L 表示，如矩阵 $K_L(t \times N)$ 反映观点维 t 个关键词在 N 条舆情信息中的共现关系。各维度内部节点与连边的关联状况则分别用关联矩阵 A_C、P_C、K_C 表示，如矩阵 $K_C(t \times r)$ 反映 t 个关键词节点与 r 条边的关联关系。

- 维间超边邻接关系由三维子网的 3 个节点及其连边关系构成，具体可由 $a[i][j][q]$ 表示，i、j、q 分别代表社交维、心理维、观点维节点。$a[i][j][q] = 1$ 代表三维子网节点间有超边关系；$a[i][j][q] = 0$ 则代表三维子网节点间无超边关系。根据各维网络节点数，可构建由 $n \times m \times t$ 条超边邻接关系数据组成的超边邻接矩阵 $X(n,m,t)$。此外，局部超边是指两维子网节点的连接关系，如观点维—社交维子网局部超边关系代表观点维节点和社交维节点的连边关系，可以由其邻接矩阵 K_A 表示。

2．观点维子网各类关键词网络关系获取

在政务舆论场中，一个舆论观点或由一条单独的舆情信息呈现，或由具有一定社交关联度的多条舆情信息反映。本节在获取观点维关键词网络关系时，不仅考虑关键词在各条舆情信息中的共现状况，还将通过分析舆情信息参与人的社交关系，建立其他类型的关键词网络关系。为了便于分析和研究，我们从关键词共现情况和社交情况出发，分别构建 3 种类型的观点维关键词网络，即实边关系网络、虚边关系网络和全边关系网络。

- 仅考虑关键词共现情况的观点维子网。将关键词在每条舆情信息中的共现关系定义为观点维实边关系。
- 仅考虑关键词社交情况的观点维子网。将关键词所从属的舆情参与人的社交关系扩展至观点维层，并将其定义为观点维虚边关系。
- 同时考虑关键词共现和社交情况的观点维子网。将同时考虑关键词所从属的舆情参与人社交关系和关键词共现关系的网络定义为观点维全边关系。观点维全边关系是其实边关系和虚边关系的并集。

3．观点维子网各类关键词点图线图转换

在政务舆情事件话题形成过程中，同一个舆情关键词可能出现在不同的观点或话题中，且同一个关键词与其他不同关键词的组合所表现出的舆情观点也具有差异性。在观点维子网中，相较于单一的舆情关键词而言，关键词词对及其连边更能反映舆情观点。因此，在开展舆情话题检测前，需将观点维子网全边关系、实边关系、虚边关系的关键词点图转换为线图，具体的转换过程是将点图的边定义为线图的点。若点图两条边与同一节点相连，则其在线图中的相应节点具有连边关系。例如，可将关键词实边关系点图 $G(V,E)$ 转换为实边关系线图 $LG(E,EE)$。其中，V 代表实边关系点图的节点；E 代表点图的边，线图的节点；EE 代表"实边关系"线图的边。

4．观点维子网各类线图节点相似性计算

在政务舆情传播过程中，具有相似属性的舆情关键词或观点往往存在于同一舆论话题中。计算观点维子网各类线图节点相似性，是政务舆情话题检测算法的重要组成部分。本节综合考量观点维子网线图节点结构相似性及其在心理维子网的内容相似性映射，并由此合成观点维子网线图节点的点对相似性及其相似性矩阵。

- 社区结构是网络节点的一种组织方式，社区内部节点的连接密度高于社区间的连接密度，常见的网络社区结构相似性度量有 Jaccard 指标、Salton 指标、RA 指标等。为尽量降低算法的复杂度，本节主要借鉴 Jaccard 指标定义观点维子网线图节点结构相似性。

- 内容相似性是观点维子网线图节点点对相似性需要考量的另一个重要方面。同一舆论话题通常由内容相似的舆情观点构成，而同一舆情观点则是由相似心理情绪的关键词组成。本节以观点维—心理维子网局部超边邻接矩阵为基础，综合计算观点维子网线图任意两个节点所连接心理情绪的相似性情况。

5. 基于线图节点相似性矩阵的舆情观点聚类

政务舆情话题的形成是相似观点或关键词不断聚合的过程，故可以采用自下而上的层次聚类方法，对具有较高点对相似性的观点维子网线图节点进行聚合。传统的层次聚类算法的复杂度通常较大，这是因为其循环聚类过程需反复计算相似性矩阵。本节在引用层次聚类方法的同时，对具体的聚类过程予以调整，即不反复计算线图点对相似性矩阵，仅在每次聚类完成后，更新原有的相似性矩阵，直至满足相应的终止条件。

5.3.3　多维网络话题检测算法的具体流程

结合政务舆情事件的话题形成机理，依据算法的基本结构，本节将多维网络话题检测算法的具体流程进行细化。

第 1 步：基于算法输入，分别构建政务舆情社交维、心理维和观点维子网的节点属性值向量 A、P、K 和节点关系邻接矩阵 A_L、P_L、K_L，并根据算法设计需要，以观点维节点邻接矩阵 K_L 为基础，获取观点维子网节点关联矩阵 K_C。向量 A、P、K 分别包含 n、m、t 个元素；邻接矩阵 A_L、P_L、K_L 分别是 $n \times n$、$m \times m$、$t \times t$ 的矩阵；关联矩阵 K_C 是一个 $t \times r$ 的矩阵。

$$A = (\text{Activity}(A_1), \ \text{Activity}(A_2), \ \cdots, \ \text{Activity}(A_n))$$
$$P = (\text{Emotion}(P_1), \ \text{Emotion}(P_2), \ \cdots, \ \text{Emotion}(P_m))$$
$$K = (\text{Score}(K_1), \ \text{Score}(K_2), \ \cdots, \ \text{Score}(K_t))$$

$$A_L = \begin{bmatrix} A_{L11} & \cdots & A_{L1j} & \cdots & A_{L1n} \\ \vdots & & \vdots & & \vdots \\ A_{Li1} & \cdots & A_{Lij} & \cdots & A_{Lin} \\ \vdots & & \vdots & & \vdots \\ A_{Ln1} & \cdots & A_{Lnj} & \cdots & A_{Lnn} \end{bmatrix} \quad P_L = \begin{bmatrix} P_{L11} & \cdots & P_{L1j} & \cdots & P_{L1m} \\ \vdots & & \vdots & & \vdots \\ P_{Li1} & \cdots & P_{Lij} & \cdots & P_{Lim} \\ \vdots & & \vdots & & \vdots \\ P_{Lm1} & \cdots & P_{Lmj} & \cdots & P_{Lmm} \end{bmatrix}$$

$$K_L = \begin{bmatrix} K_{L11} & \cdots & K_{L1j} & \cdots & K_{L1t} \\ \vdots & & \vdots & & \vdots \\ K_{Li1} & \cdots & K_{Lij} & \cdots & K_{Lit} \\ \vdots & & \vdots & & \vdots \\ K_{Lt1} & \cdots & K_{Ltj} & \cdots & K_{Ltt} \end{bmatrix} \quad K_C = \begin{bmatrix} K_{C11} & \cdots & K_{C1j} & \cdots & K_{C1r} \\ \vdots & & \vdots & & \vdots \\ K_{Ci1} & \cdots & K_{Cij} & \cdots & K_{Cir} \\ \vdots & & \vdots & & \vdots \\ K_{Ct1} & \cdots & K_{Ctj} & \cdots & K_{Ctr} \end{bmatrix}$$

第 2 步：基于政务舆情事实数据，依次识别 $n \times m \times t$ 条超边邻接关系 $a[i][j][q]$ 的取值（$i = 1,2,3,\cdots,n$；$j = 1,2,3,\cdots,m$；$q = 1,2,3,\cdots,t$），并根据算法设计需要，重点挖掘观点—社交维子网、观点—心理维子网局部超边连接关系，具体的局部超边邻接矩阵为 K_A、K_P，分别是 $t \times n$、$t \times m$ 的矩阵，相应的矩阵元素根据局部超边连接情况取值 0 或 1。

$$K_A = \begin{bmatrix} K_{A11} & \cdots & K_{A1j} & \cdots & K_{A1n} \\ \vdots & & \vdots & & \vdots \\ K_{Ai1} & \cdots & K_{Aij} & \cdots & K_{Ain} \\ \vdots & & \vdots & & \vdots \\ K_{At1} & \cdots & K_{Atj} & \cdots & K_{Atn} \end{bmatrix} \quad K_P = \begin{bmatrix} K_{P11} & \cdots & K_{P1j} & \cdots & K_{P1m} \\ \vdots & & \vdots & & \vdots \\ K_{Pi1} & \cdots & K_{Pij} & \cdots & K_{Pim} \\ \vdots & & \vdots & & \vdots \\ K_{Pt1} & \cdots & K_{Ptj} & \cdots & K_{Ptm} \end{bmatrix}$$

第 3 步：基于网络维社交关系，获取观点维节点虚边关系邻接矩阵 K_L，具体过程为：从 A_1 节点开始遍历，在 A_L 邻接矩阵中选取与其具有关联关系且状态属性 $Activity(A_i) \geq 0.5$ 的节点，组成节点向量 A_1；从向量 A_1 中，循环选取编号较小的节点 A_j^1，并在 K_A 邻接矩阵中，获取节点 A_1 和 A_j^1 所对应的关键词节点，建立关键词节点的二分图，更新原值为空值的虚边关系邻接矩阵 K_L；循环进行上述操作，直至完成 A_n 节点的遍历，并获取最终更新完成后的观点维节点虚边关系邻接矩阵 K_L。

$$K_L' = \begin{bmatrix} K_{L11}' & \cdots & K_{L1j}' & \cdots & K_{L1t}' \\ \vdots & & \vdots & & \vdots \\ K_{Li1}' & \cdots & K_{Lij}' & \cdots & K_{Lit}' \\ \vdots & & \vdots & & \vdots \\ K_{Lt1}' & \cdots & K_{Ltj}' & \cdots & K_{Ltt}' \end{bmatrix}$$

第4步：根据观点维虚边关系节点邻接矩阵 K_L' 和实边关系节点邻接矩阵 K_L，获取观点维子网全边关系节点邻接 K_L''，用于表示同时考虑关键词舆情信息共现状况和社交关联状况的观点维子网。观点维子网全边关系、实边关系、虚边关系节点邻接矩阵的关系可定义如下。

$$K_L'' = K_L \cup K_L'$$

第5步：根据观点维子网节点全边关系邻接矩阵 K_L'' 和虚边关系邻接矩阵 K_L'，获取相应的关联矩阵 K_C'' 和 K_C'，分别表示观点维全边关系和虚边关系网络关键词节点与边的关联关系。K_C'' 是一个 $t \times w$ 矩阵，t 代表关键词节点数，w 代表全边关系网络的边数。K_C' 是一个 $t \times v$ 矩阵，t 代表关键词节点数，v 代表虚边关系网络的边数。K_C'' 和 K_C' 的矩阵元素取值同样为 0 或 1，代表节点和边有无关联关系。

第6步：将观点维子网实边关系、虚边关系、全边关系点图转换为相应的线图。对于观点维子网实边关系点图 $G(V,E)$、虚边关系点图 $G'(V,E)$、全边关系点图 $G''(V,E)$，其关键词对及其连边更能反映舆情观点，将观点维子网各类关系的关键词连边定义为节点，分别构造观点维子网实边关系线图 $LG(E,EE)$、虚边关系线图 $LG'(E,EE)$、全边关系线图 $LG''(E,EE)$。其中，V 代表观点维子网实边关系、虚边关系、全边关系点图的节点，E 代表观点维子网实边关系、虚边关系、全边关系点图的边，即线图的节点；EE 代表观点维子网实边关系、虚边关系、全边关系线图的边。由观点维子网实边关系、虚边关系、全边关系点图关联矩阵 K_C、K_C'、K_C''，推导相应线图的邻接矩阵 K_E、K_E'、K_E''，具体邻接矩阵组成元素推导公式如下。

$$K_{Ewv} = \sum_i K_{Ciw} K_{Civ} (1-s)$$

$$K_{Ewv}' = \sum_i K_{Ciw}' K_{Civ}' (1-s)$$

$$K_{Ewv}'' = \sum_i K_{Ciw}'' K_{Civ}'' (1-s)$$

式中，$i = 1,2,3,\cdots,t$。当 $w = v$ 时，$s = 1$；否则 $s = 0$。

第7步：计算观点维关键词实边关系、虚边关系、全边关系线图网络任意两个节点的共同邻居数量 L_{ij}^{SJ}、$L_{ij}^{SJ'}$、L_{ij}^{nSJ}，并分别将实边关系、虚边关系、全边关系线图节点共同邻居数量 min-max 标准化，获得介于 0 和 1 的各类线图节点结构相似性 S_{ij}^{SJ}、$S_{ij}^{SJ'}$、S_{ij}^{nSJ}。i、j 分别代表关键词实边关系、虚边关系、全边关系线图的节点。

$$L_{ij}^{SJ} = \left| N(i) \bigcap N(j) \right|$$

$$S_{ij}^{SJ\prime} = \left| N'(i) \bigcap N'(j) \right|$$

$$S_{ij}^{nSJ} = \left| N''(i) \bigcap N''(j) \right|$$

式中，$|N(i)|$、$|N'(i)|$、$|N''(i)|$ 表示集合 $N(i)$、$N'(i)$、$N''(i)$ 的元素个数，而 $N(i)$、$N'(i)$、$N''(i)$ 则是观点维实边关系、虚边关系、全边关系线图网络节点 i 的邻居节点集合；$|N(j)|$、$|N'(j)|$、$|N''(j)|$ 表示集合 $N(j)$、$N'(j)$、$N''(j)$ 的元素个数，而 $N(j)$、$N'(j)$、$N''(j)$ 则是观点维实边关系、虚边关系、全边关系线图网络节点 j 的邻居节点集合。

第 8 步：计算观点维关键词实边关系、虚边关系、全边关系线图网络的内容相似性 S_{ij}^{SN}、$S_{ij}^{SN\prime}$、S_{ij}^{nSN}。对于观点维实边关系线图网络节点 i 和节点 j，假设回溯获取其在原实边关系点图网络的节点对分别为"g 节点—h 节点"和"x 节点—y 节点"，则 S_{ij}^{SN} 的计算公式可表述如下。对于观点维子网关键词虚边关系全边关系线图网络的内容相似性 $S_{ij}^{SN\prime}$、S_{ij}^{nSN}，可以同样采用上述方案予以计算。

$$S_{ij}^{SN} = 1 - \left| \frac{\dfrac{\sum_{q=1}^{m} \boldsymbol{K}_{\mathrm{P}gq}\mathrm{Emotion}\left(P_q\right)}{\sum_{q=1}^{m} \boldsymbol{K}_{\mathrm{P}gq}} + \dfrac{\sum_{q=1}^{m} \boldsymbol{K}_{\mathrm{P}hq}\mathrm{Emotion}\left(P_q\right)}{\sum_{q=1}^{m} \boldsymbol{K}_{\mathrm{P}hq}}}{2} - \right.$$

$$\left. \frac{\dfrac{\sum_{q=1}^{m} \boldsymbol{K}_{\mathrm{P}xq}\mathrm{Emotion}\left(P_q\right)}{\sum_{q=1}^{m} \boldsymbol{K}_{\mathrm{P}xq}} + \dfrac{\sum_{q=1}^{m} \boldsymbol{K}_{\mathrm{P}yq}\mathrm{Emotion}\left(P_q\right)}{\sum_{q=1}^{m} \boldsymbol{K}_{\mathrm{P}yq}}}{2} \right|$$

式中，g、h、x、$y \leqslant t$，且均为正整数。

第 9 步：合并观点维关键词实边关系、虚边关系、全边关系线图网络的结构相似性和内容相似性数值，得到实边关系、虚边关系、全边关系线图网络节点间的点对相似性 S_{ij}^{S}、$S_{ij}^{S\prime}$、S_{ij}^{nS}，并由此构建观点维关键词实边关系、虚边关系、全边关系线图网络任意两节间的相似性矩阵 S^{s}、$S^{s\prime}$、S^{nS}。

$$S_{ij}^{S} = \sqrt{\left(S_{ij}^{SJ} S_{ij}^{SN} \right)}$$

$$S_{ij}^{S\prime} = \sqrt{\left(S_{ij}^{SJ}\prime S_{ij}^{SN\prime} \right)}$$

$$S_{ij}^{nS} = \sqrt{\left(S_{ij}^{nSJ} S_{ij}^{nSN} \right)}$$

$$S^s = \begin{bmatrix} S^S_{11} & \cdots & S^S_{1j} & \cdots & S^S_{1r} \\ \vdots & & \vdots & & \vdots \\ S^S_{i1} & \cdots & S^S_{ij} & \cdots & S^S_{ir} \\ \vdots & & \vdots & & \vdots \\ S^S_{r1} & \cdots & S^S_{rj} & \cdots & S^S_{rr} \end{bmatrix}$$

$$S^{s\prime} = \begin{bmatrix} S^{S\prime}_{11} & \cdots & S^{S\prime}_{1j} & \cdots & S^{S\prime}_{1v} \\ \vdots & & \vdots & & \vdots \\ S^{S\prime}_{i1} & \cdots & S^{S\prime}_{ij} & \cdots & S^{S\prime}_{iv} \\ \vdots & & \vdots & & \vdots \\ S^{S\prime}_{v1} & \cdots & S^{S\prime}_{vj} & \cdots & S^{S\prime}_{vv} \end{bmatrix}$$

$$S^{nS} = \begin{bmatrix} S^{nS}_{11} & \cdots & S^{nS}_{1j} & \cdots & S^{nS}_{1w} \\ \vdots & & \vdots & & \vdots \\ S^{nS}_{i1} & \cdots & S^{nS}_{ij} & \cdots & S^{nS}_{iw} \\ \vdots & & \vdots & & \vdots \\ S^{nS}_{w1} & \cdots & S^{nS}_{wj} & \cdots & S^{nS}_{ww} \end{bmatrix}$$

第 10 步：根据观点维子网各类线图的点数 r 或 v 或 w，将观点维的话题最初分组定义为 r 或 v 或 w 个，用分组向量 $E^S(0)$、$E^S{}'(0)$、$E^{nS}(0)$ 表示。在相似性矩阵 S^s、$S^{s\prime}$、S^{nS} 下三角部分，求取得 $S^S_{ij} = \text{LARGE}(S^s)$，或 $S^{S\prime}_{ij} = \text{LARGE}(S^{s\prime})$，或 $S^{nS}_{ij} = \text{LARGE}(S^{nS})$，将节点 i 和节点 j 所在分组合并为一个分组。其中，i、j 分别代表观点维关键词实边关系、虚边关系、全边关系线图的节点，同时将观点维子网线图的分组向量 $E(0)$ 更新为 $E(1)$。

第 11 步：求取相似性矩阵 S^s、$S^{s\prime}$、S^{nS} 第 i 行和第 j 行元素组成向量的均值 $S^S_{(i\cup j)t}$、$S^S_{(i\cup j)t}{}'$、$S^{nS}_{(i\cup j)t}$，并分别将其覆盖在相似性矩阵 S^s、$S^{s\prime}$、S^{nS} 第 i 行元素向量上，删掉相似性矩阵的第 j 行元素向量。同理完成各相似性矩阵第 i 列和第 j 列元素的合并、覆盖和删除，形成一次更新后相似性矩阵 S^S_{+1}、$S^{S\prime}_{+1}$、S^{nS}_{+1}。

$$S^S_{(i\cup j)t} = \frac{S^S_{(i)t} + S^S_{(j)t}}{2} \quad t = 0,1,2,\cdots,r$$

$$S^S_{(i\cup j)t}{}' = \frac{S^S_{(i)t}{}' + S^S_{(j)t}{}'}{2} \quad t = 0,1,2,\cdots,v$$

$$S^{nS}_{(i\cup j)t} = \frac{S^{nS}_{(i)t} + S^{nS}_{(j)t}}{2} \quad t = 0,1,2,\cdots,w$$

第 12 步：输出分组序列 $E(0)$，$E(1)$，…，$E(t)$。重复进行第十步到第十二步，直至分组序列 $E(t)$ 的组数低于阈值 G 为止。阈值 G 通过研究或实际案例需要确定。

多维网络话题检测算法的具体流程图见图 5-4。

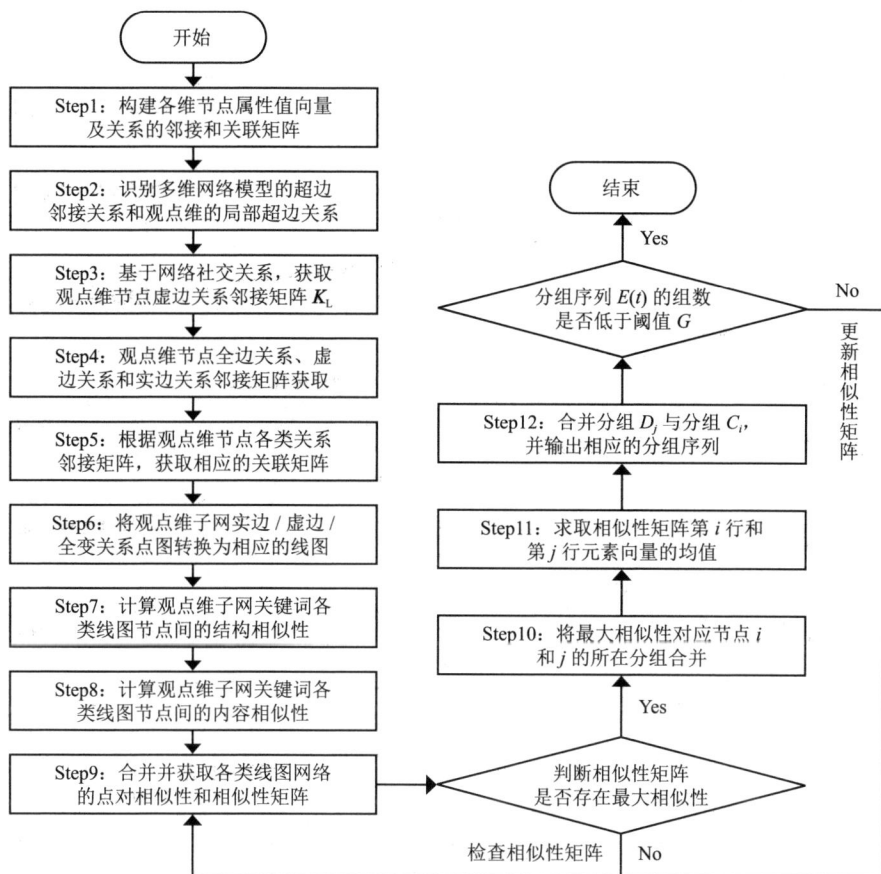

图 5-4　多维网络话题检测算法的具体流程图

5.3.4　多维网络话题检测算法的程序实现

为快速、精准地实现政务舆情话题的识别与检测，本节以多维网络话题检测算法为基础，在 Python 集成开发环境下编写话题检测算法模块①至模块④的运行程序，在 MATLAB（矩阵实验室）集成开发环境下实现算法模块⑤的程序设计，并进一步将不同开发环境下的运行程序关联。算法的具体输入为：关于 "**

事件"的 N 条微博信息，具体涉及 n 个博主（$N \geqslant n$）。算法的具体输出为：关于"** 事件"的 H 组关键词对集合，每组关键词对集合代表一个话题；每组关键词对集合的心理评分值，代表该话题的心理倾向，当第 i 组话题的评分 $F_i \leqslant 4$ 时，可认为该组话题为消极敏感话题，需重点关注。

5.4　小结

自媒体的快速发展使其日益成为政务舆情话题生成、传播和交锋的主阵地。科学检测和识别政务舆情话题，可为政府进行舆论引导提供决策的要素和依据，对营造良好的网络环境具有重要意义。本章以"政务舆情话题"为研究对象，从自媒体端的政务舆情要素多维、多层、多属性特征出发，借鉴社会心理学、系统科学等对要素属性的分类方式，构建面向舆情拓扑规律的"多维网络模型"，并以此为结构载体，设计政务舆情多维网络的话题检测算法。

在舆情话题识别的过程中，需要关注以下 3 个重点：①应用元矩阵思想分析自媒体舆情要素间的复杂关联，系统构建面向政务舆情拓扑规律的多维网络模型，并对各维度子网内和子网间节点的拓扑关系、结构属性和功能特征予以分析，多维网络模型可为本书乃至自媒体舆情的其他相关研究提供结构基础和底层载体；②在自媒体时代，结合自媒体端的舆情话题的形成机理分析，综合考虑社交维、心理维、观点维子网结构和内容属性，对话题形成驱动性，提出多维网络政务话题检测算法，以有效识别事故中的舆情话题；③多维网络政务话题检测算法，能有效识别事故的舆情话题，也可以基于话题中心关键词及其关联关键词元素的心理评分，计算各舆情话题的情绪属性倾向，并进一步为政府的自媒体舆情话题引导提供指导和依据。

在后续政务舆情话题识别中，研究者有望在政务舆情多维网络模型模块开发相应的舆情信息关键词分词插件，并通过噪声库的设计，提高高频无效关键词的自动甄别效率；并有望在算法应用环节增加网络营销、新闻传播等领域，如可对特定时刻政治热点予以甄别和跟踪。

本章参考文献

[1]　XU W.W., SANG Y, BLASIOLA S, et al. Predicting Opinion Leaders in Twitter Activism Networks: The Case of the Wisconsin Recall Election [J]. American Behavioral Scientist, 2014, 58(10): 1278-1293.

[2]　GRIFFITHS T.L., STEYVERS M. Finding scientific topics[J]. Proceedings of the National Academy of Sciences of the United States of America, 2004, 101: 5228-5235.

[3]　ALLAN J, CARBONELL J, DODDINGTON G, et al. Topic Detection and Tracking Pilot Study Final Report[C]// Darpa Broadcast News Transcription & Understanding Workshop, USA, 1998: 194-218.

[4]　HE T, QU G, LI S, et al. Semi-automatic Hot Event Detection[M]// Advanced Data Mining and Applications. Springer Berlin Heidelberg, 2006: 1008-1016.

[5]　TIAN R.Y., ZHANG X.F., LIU Y.J. SSIC model: A multi-layer model for intervention of online rumors spreading[J]. Physica A Statistical Mechanics & Its Applications, 2015, 427: 181-191.

[6]　CHOI S.M., HAN Y.S. Representative reviewers for Internet social media[J]. Expert Systems with Applications, 2013, 40: 1274-1282.

[7]　SUCHECKI K, EGUILUZ V.M., et al. (2005). Voter model dynamics in complex networks: Role of dimensionality, disorder, and degree distribution[J]. Physical Review E, 72(3), 036132.

[8]　LORENZ J, URBIG D. (2007). About the power to enforce and prevent consensus by manipulating communication rules[J]. Advances in Complex Systems, 10(2), 251-269.

[9]　PAPKA R. On-line new event detection, clustering, and tracking (information retrieval, internet)[C]// Proceedings of the 21st annual international ACM SIGIR conference on Research and development in information retrieval. ACM, 1999: 37-45.

[10]　ALLAH F.A., GROSKY W.I., ABOUTAJDINE D. On-Line Single-Pass Clustering Based on Diffusion Maps[C]// International Conference

on Applications of Natural Language To Information Systems. Springer-Verlag, 2007: 107-118.

[11]　PAPKA R, ALLAN J. Topic Detection and Tracking: Event Clustering as a Basis for First Story Detection[J]. Information Retrieval, 2000, 7: 97-126.

[12]　NGUYEN M.E. (1998). Model identification using fuzzy clustering and applications [microform] [D]. Dissertation Abstracts International, 59(05), Section B, 2352. Advisor: Nadipuram R. Pra.

[13]　MAKKONEN J, AHONEN-MYKA H, SALMENKIVI M. Simple Semantics in Topic Detection and Tracking[J]. Information Retrieval, 2004, 7(3-4): 347-368.

[14]　TRIESCHNIGG D., KRAAIJ W. TNO Hierarchical topic detection report at TDT 2004 [C]// The 7th Topic Detection and Tracking Conference（TDT2004）, Gaithersbury, USA, 2004.

[15]　PATEL S, SUTHAR S, PATEL S, et al. Topic Detection and Tracking in News Articles[C]//International Conference on Information and Communication Technology for Intelligent Systems.Springer, Cham, 2017. DOI: 10.1007/978-3-319-63645-0_48.

[16]　CHEN S, JIN Z. Weibo topic detection based on improved TF-IDF algorithm[J]. Science & Technology Review, 2016, 34(2): 282-286.

[17]　HONG Y, ZHANG Y, LIU T, et al. Topic Detection and Tracking Review[J]. Journal of Chinese Information Processing, 2007, 21(6): 71-87.

[18]　YANG Y, CARBONELL J.G., BROWN R.D., et al. Learning approaches for Detecting and Tracking News Events[J]. IEEE Intelligent Systems & Their Applications, 2000, 14(4): 32-43.

[19]　LIU Y, LI Q, TANG X, et al. Superedge prediction: What opinions will be mined based on an opinion supernetwork model?[J]. Decision Support Systems, 2014, 64(3): 118-129.

[20]　MAKKONEN J, AHONEN-MYKA H, SALMENKIVI M. Simple Semantics in Topic Detection and Tracking[J]. Information Retrieval, 2004, 7(3-4): 347-368.

[21]　YOU L, DU Y, GE J, et al. BBS based hot topic retrieval using back-

propagation neural network[C]// International Joint Conference on Natural Language Processing. Springer-Verlag, 2004: 139-148.

[22] CHENG J.J., LIU Y, CHENG H, et al. Growth Trends Prediction of Online Forum Topics Based on Artificial Neural Networks[J]. Journal of Convergence Information Technology, 2011, 6(10): 87-95.

[23] LIKERT R. (1932). A technique for the measurement of attitudes[J]. Archives of Psychology, 140: 1-55.

[24] SATHIK M.M., RASHEED A.A. Discovering Communities in Social Networks Through Mutual Accessibility[J]. International Journal on Computer Science & Engineering, 2010, 2(4): 1159-1164.

[25] FISCUS J.G., DODDINGTON G.R. Topic Detection and Tracking Evaluation Overview[M]// Topic Detection and Tracking. Springer US, 2002: 17-31.

[26] FREEMAN L.C. Centrality in Social Networks: I. Conceptual Clarification[J]. Social Networks, 1979, 1(3): 215-239.

[27] ABUELENINA S.M., ABUL-MAGD A.Y. (2012). Effect of unfolding on the spectral statistics of adjacency matrices of complex networks[J]. Procedia Computer Science, 12: 69-74.

[28] LI F, DU T.C. Who is talking? An ontology-based opinion leader identification framework for word-of-mouth marketing in online social blogs[J]. Decision Support Systems, 2011, 51(1): 190-197.

[29] YANG L, LIN H, LIN Y, et al. Detection and Extraction of Hot Topics on Chinese Microblogs[J]. Cognitive Computation, 2016, 8(4): 1-10.

[30] GIRVAN M, NEWMAN M.E.J. Community structure in social and biological networks[J]. Proceedings of the National Academy of Sciences of the United States of America, 2002, 99(12): 7821-7826.

[31] HAMERS L, HEMERYCK Y, HERWEYERS G, et al. Similarity measures in scientometric research: the Jaccard index versus Salton's cosine formula[J]. Information Processing & Management, 1989, 25(3): 315-318.

[32] SALTON G, McGILL M.J. Introduction to Modern Information Retrieval[M]. New York: McGraw-Hill, 1983.

[33] ZHOU T, LV L.Y., ZHANG Y.C. Predicting missing links via local information[J]. The European Physical Journal B: Condensed Matter and Complex Systems, 2009, 71(4): 623-630.

[34] MA N, LIU Y.J. (2014). SuperedgeRank algorithm and its application in identifying opinion leader of online public opinion supernetwork[J]. Expert Systems with Applications, 41(4): 1357-1368.

[35] AMARAL L, BARRAT A, CALDARELLI G. (2004). Virtual round table on ten leading questions for network research[J]. European Physical Journal B, 38(2): 143-145.

[36] URBAN J, BULKOW K. Tracing Public Opinion Online-An Example of Use for Social Network Analysis in Communication Research[J]. Procedia-Social and Behavioral Sciences, 2013, 100(7): 108-126.

[37] WANG G.H., LIU Y.J., LI J.M., et al. Superedge coupling algorithm and its application in coupling mechanism analysis of online public opinion supernetwork[J]. Expert Systems with Applications, 2015, 42(5): 2808-2823.

[38] LAKSHMI T.V., SARABAI D.T. Aspect Based Topic and Opinion Mining[J]. International Journal of Computer Trends & Technology, 2014, 15(4).

[39] LEI L.I., LIU J, ZHANG H.K. Topics Identification and Evolution Trend of Network Public Opinion Based on Co-occurrence Analysis[J]. Information Science, , 2016, 34(01): 44-47+57.

[40] CHEN T, WANG X, FEI Q.U., et al. Research on method of public opinion topic evolution analysis based on time sliced topic [J]. Journal of Central China Normal University, , 2016, 50(05): 672-676.

[41] PENG M, HUANG J, ZHU J, et al. Mass of Short Texts Clustering and Topic Extraction Based on Frequent Itemsets [J]. Journal of Computer Research & Development, 2015, 52(09): 1941-1953.

[42] SALATHÉ M, BONHOEFFER S. The effect of opinion clustering on disease outbreaks [J]. Journal of the Royal Society Interface, 2008, 5(29): 1505.

[43] JOTHEESWARAN J, KUMARASWAMY Y.S. Opinion mining using

decision tree based feature selection through Manhattan hierarchical cluster measure[J]. Journal of Theoretical & Applied Information Technology，2013，58：72−80.

[44]　MILBURN M.A. Persuasion and politics: The social psychology of public opinion[J]. Political Psychology，1991，16(3)：387−396.

[45]　GUAN Q，YE S，YAO G，et al. Research and Design of Internet Public Opinion Analysis System[J]. Microcomputer Information，2010，26(18)：173−177.

第 6 章

传播演化

6.1　政务舆情传播演化预测方法的发展与应用

随着互联网的普及，社交网络已成为人们的主要联络工具。截至 2017 年年底，全球网民总数达到 40.21 亿人，互联网普及率远超 50%。自媒体时代，互联网用户更倾向于通过社交网络，而不是其他工具来联络亲朋好友。社交网络在为我们提供服务和便利的同时，也记录了用户各类社交活动的舆论信息。对这些记录用户行为的舆论信息数据进行分析和挖掘，可以较大程度地预测和识别用户的社交关系，即社交网络链路预测。链路预测是指通过已知的网络拓扑结构及网络节点属性等信息，预测网络中尚未产生连边的两个节点之间产生链接的可能性。针对链路预测开展研究既具有很强的理论意义，又具有广泛的应用价值。在理论上，链路预测研究可以帮助学者认识社交网络演化机制，丰富网络科学理论；在应用上，链路预测研究可以转化为多个重要应用，如好友推荐、态度推断、个性化推荐等。鉴于此，作为网络科学与数据挖掘领域的核心问题之一，社交网络链路预测研究越来越受到专家、学者和公众的关注和重视。

链路预测研究是一项复杂的系统工程，广泛涉及社会学、心理学、计算机科学等。鉴于链路预测是预测网络中未来可能产生的链路，现有链路预测算法主要可分为两类：①非监督性的模型，即通过一些特定的规则进行链路预测；②监督性的模型，即通过训练合适的分类器来进行预测。首先，前者的链路预测规则设计。通常用无监督的思想，基于节点相似性展开。两个节点之间的相似性越大，它们产生链接的概率就越大。如何定义节点之间的相似性是这类算法的核心问题，现有研究主要根据网络拓扑结构信息，将节点相似性指标分为基于邻居信息的指标、基于路径的指标，以及基于随机游走的指标等。其次，后者主要利用有监督的学习方法，对有标注的数据进行分类学习。在社交网络的链路预测问题中，如果将目前已经产生链接的节点对看作正例，而相互之间没有链接的节点对看作负例，链路预测问题就可以转化为有监督的分类问题。机器学习中的经典分类方法都可以用来完成链路预测任务，如 k 近邻算法、决策树算法、支持向量机算法等。除了上述两类链路预测算法，还有一些其他的链路预测算法，它们从复杂网络的具体结构出发，利用超网络超边结构、复杂网络边权重等作为随机转移概率，计算两个节点产生新链接的似然度估计。

舆情网络社交关系预测是复杂网络链路预测研究的主要应用。通过构建合适的舆情网络，社交关系预测问题就可以看成在舆情网络中的链路预测问题。刻画舆情网络节点相似性同样存在两种方法，即围绕基于节点属性信息和节点结构信息这两个方面展开：社会学、心理学领域的研究主要利用舆情参与人的节点属性，定义舆情网络节点相似性，如两个参与人具有相同的年龄、性别、职业等，就说明他们两个参与人很相似，他们之间可能存在或产生新链接；计算机科学领域的研究则主要基于网络的结构信息定义舆情参与人之间的结构相似性，即利用舆情传递网络的拓扑结构数据，以舆情个体间传递关系的从众效应和阈值效应为起点，预测舆情参与人之间可能产生的舆情传递连接。上述链路预测算法通常拥有很多不同的评价标准，借以评估在一个问题上不同算法的性能，并指导算法进行优化等。鉴于链路预测问题研究思路多样，其评价指标既可以利用混淆矩阵、ROC 曲线（Receiver Operating Characteristic Curve，受试者操作特征曲线）、AUC（Area Under The Curve，曲线下面积）值等经典评价标准，还可以借用排序学习中常用的性能评价指标，对链路预测算法进行评价，如可利用主集合平均准确率（Mean Average Precision，MAP），nDCG（normalized Discounted Cumulative Gain）和倒数排序法（Mean Reciprocal Rank，MRR）等排序问题评价指标。

在自媒体时代，网络舆情要素通常存在多维、多层、多属性的复杂特征，开展自媒体舆情网络的社交网络链路预测研究，不仅应关注舆情参与人节点的交互关系，构建传统社会网络分析模型，还应充分挖掘舆情参与人的环境属性隶属关系、情绪态度接近关系和关键词组合重叠关系等，并对网络舆情多维属性的内在聚合关系予以分析。

6.2　政务舆情多维网络链路预测算法构建

基于政务舆情多维网络模型，本节全面梳理影响社交网络链路预测的主要驱动因素，并进一步借鉴舆论系统的吸引力法则，以舆论属性的多维相似性为依据，提出基于多维超边相似性的网络链路预测算法，简称多维网络链路预测算法。

6.2.1　算法的构建原则

吸引力法则是一种普适性的社会规律，最早出现在一些有关通神学的文献中。1879 年《纽约时报》在一篇关于"在科罗拉多州淘金热中吸引财富"的文章里提到"吸引力法则"，1906 年，威廉姆在他的书籍 *Thought Vibration or the Law of Attraction in the Thought World* 中，首次全面介绍了吸引力法则的内涵，即相似性质的事物会因为相互吸引，而不断地持续扩大或成长。随后，吸引力法则的基本内涵得到延伸，并在学术界的多个领域得到广泛应用，如社区创新的吸引力规律、地区游客的吸引力规律，以及网瘾的形成等。社交网络链路的形成同样存在吸引力法则所描述的规律。如果网络中的节点属性或结构特征本身代表着相似，则具有相似性质的社交节点就会相互吸引，并产生关注链接关系，即可以探讨观点相似性、个体间信任程度等舆论内容的逻辑差异程度对舆论主体引力交互规则的影响。例如，有学者从舆论系统结构性的角度，分析了舆论观点的结构及其扩散方式对舆论参与人引力交互规则的影响。Xiong 则同时考虑了舆论系统内容属性和结构属性对舆论事件形成及其参与人交互规律的影响。本节借鉴舆论系统的吸引力规律和法则，提出基于多维超边相似性的网络链路预测算法，具体分析任意两个舆情参与人社交关系形成的多维驱动因素，计算不同舆情驱动因素组合的相似性，以期分析不同驱动因素对网络社交关系预测的影响。

6.2.2　算法的驱动因素分析

自媒体时代，在线社交网络用户根据其自身需求、兴趣爱好、社会影响等，决定是否与其他用户加为好友、交互信息或产生关系。Ravasi 等学者认为链路预测算法设计的基础是链路形成驱动因素及其影响机制的分析，这样不仅可以避免链路预测驱动信息丢失，还可以综合分析不同类型驱动因素的组合效应。近年来，复杂网络方向的研究者们主要从网络结构的角度，提出社交网络链路预测的多种网络结构驱动因素。但关于在线社交网络用户属性驱动因素的分析相对较少，且分析视角相对单一。这些分析仅关注用户的年龄、性别、职业等属性要素。鉴于此，本节综合梳理上述研究进展和人类行为特征，提出多类符合人类行为动力学特征的社交关系形成（多维网络链路预测算法）驱动因素，这些驱动因素不仅包括社交网络结构驱动因素，更涉及话题驱动、兴趣驱动、心理驱动等用户属性因素。

1．结构驱动因素

从复杂网络结构分析的角度看，关系密切的朋友往往组成紧密的小团体，弱连接对应这些团体之间的稀疏联系，强连接则对应团体内部的紧密联系。因此，网络社团结构是社交关系预测最主要的评价指标，本节根据不同的复杂网络结构相似性度量方法，将网络社团划分的相似性指标分为基于局部结构信息的相似性指标、基于路径的相似性指标和基于随机游走的相似性指标。其中，基于局部结构信息的相似性指标算法复杂度较低、应用较为广泛，该算法主要是指两个节点的共同邻居越多，则两个节点越相似，它们之间存在链接的可能性越大。

2．话题驱动因素

人类活动时间间隔重尾、阵发特征的根源是人们给予他们的活动任务不同的优先权（Barabdsi 于 2005 提出）。在网络中，针对舆情话题发表个人观点或评论，同样可以理解为 Barabdsi 提出的完成活动任务。因此，社交网络用户参与舆情话题讨论同样存在优先级。个人用户是否优先参与某个舆情话题讨论，通常受其网络好友的影响，而参与相同舆情话题讨论的社交网络用户，也会因此在相同的话题讨论中认识、熟悉，并成为好友或建立联系。如何定义政务舆情话题？使用观点关键词及其共现网络是最直接的方式，挖掘用户历史舆情关键词及其组合，可以间接分析哪类话题是其优先评论话题。

3．兴趣驱动因素

在社交网络中，每个用户都希望认识或关注与自己具有相似兴趣的用户。兴趣同质性是社交网络发展、扩大最主要的动力之一，如具有相同音乐、体育、旅游等爱好的网民更容易成为朋友，且成为好友之后他们彼此的爱好会进一步加强。推特、微博、微信等社交网络均建立于兴趣之上，即政务舆情用户间的关注关系往往是基于相似的兴趣的。因此，使用政务舆情用户的网络标签是挖掘不同用户的兴趣爱好最直接的方式，用户标签能让用户表明自己的兴趣，社交网络中的很多功能都是通过分析标签完成的。

4．心理驱动因素

在人际交往过程中，"心理共鸣"是一种以心交心的有效方式，也是一门非常微妙的相处艺术，它可以拉近交际双方心灵的距离。人们的择友总是受不同的心理动机支配着，从而描绘出各自不同的友谊轨迹。人们的择友心理是错综复杂的，而以共鸣、补偿和趋望最为常见。心理学研究发现相似性是人际吸引的重要因素，相似产生共鸣，而心理上的共鸣正是人们选择朋友的重要内趋力。因此，如何研判不同社交网络用户的心理共鸣程度？借鉴利克特量表开展用户心理评分是最直接的方式，具体可结合用户近期发表的政务舆情信息，采取语义识别的方式进行获取。

6.2.3　算法的具体流程分析

基于政务舆论系统的吸引力规律和法则，结合社交网络结构驱动因素、话题驱动因素、兴趣驱动因素、心理驱动因素的梳理和分析，本节提出基于多维超边相似性的网络链路预测算法（见图6-3）。

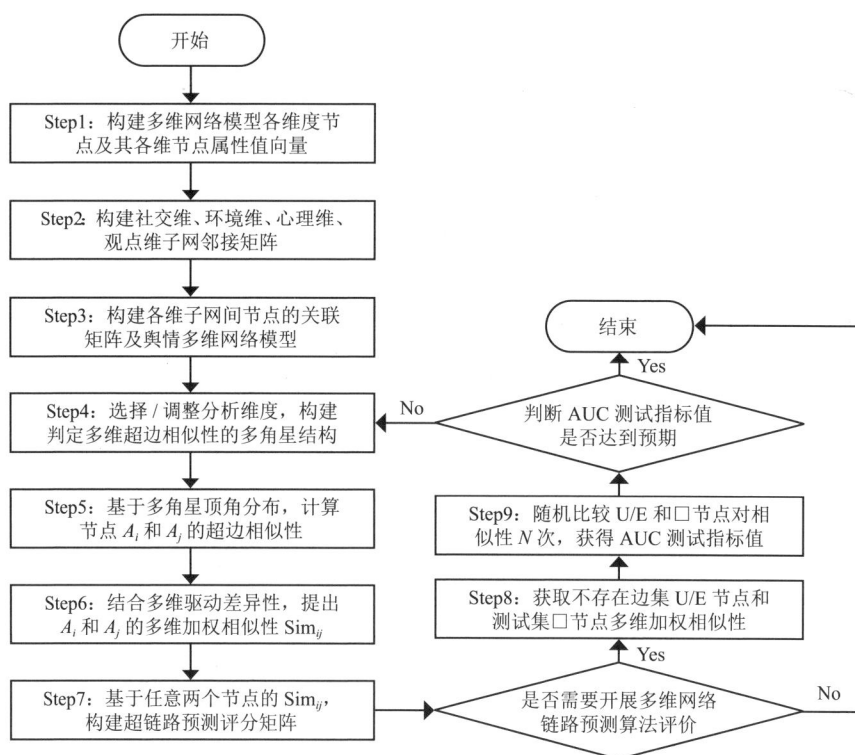

图6-3　多维超边相似性的网络链路预测算法的具体流程

1. 第1阶段：政务舆情多维网络模型构建

第1步：对 N 条自媒体信息及其 n 个舆情参与人环境属性（兴趣标签、职业标签、地理标签等）进行切词处理，共获得 m 个关键词和 r 个环境标签；基于 n 个舆情参与人发布的关键词，计算其自媒体心理情绪值 Emotion(P_i)，具体可由相关信息关键词心理评分均值得到，合并相同的心理情绪值，共获得 t 个不重叠的心理属性值。结合"5.1.3 多维网络模型结构属性及其功能分析"，完成多维网络模型各维度节点构建，社交维、环境维、心理维、观点维的节点向量分别为 $A=(A_1,A_2,\cdots,A_n)$、$E=(E_1,E_2,\cdots,E_r)$、$P=(P_1,P_2,\cdots,P_t)$、$K=(K_1,K_2,\cdots,K_m)$。

第 2 步：基于 n 个舆情参与人的加粉或关注关系、m 个关键词的舆情信息共现关系、r 个环境标签的分组关系、t 个心理情绪的传递或转换关系，构建社交维、环境维、心理维、观点维子网邻接矩阵 A_L、E_L、P_L、K_L。

$$A_L=\begin{bmatrix} A_{L11} & \cdots & A_{L1j} & \cdots & A_{L1n} \\ \vdots & & \vdots & & \vdots \\ A_{Li1} & \cdots & A_{Lij} & \cdots & A_{Lin} \\ \vdots & & \vdots & & \vdots \\ A_{Ln1} & \cdots & A_{Lnj} & \cdots & A_{Lnn} \end{bmatrix} \quad E_L=\begin{bmatrix} E_{L11} & \cdots & E_{L1j} & \cdots & E_{L1r} \\ \vdots & & \vdots & & \vdots \\ E_{Li1} & \cdots & E_{Lij} & \cdots & E_{Lir} \\ \vdots & & \vdots & & \vdots \\ E_{Lr1} & \cdots & E_{Lrj} & \cdots & E_{Lrr} \end{bmatrix}$$

$$P_L=\begin{bmatrix} P_{L11} & \cdots & P_{L1j} & \cdots & P_{L1t} \\ \vdots & & \vdots & & \vdots \\ P_{Li1} & \cdots & P_{Lij} & \cdots & P_{Lit} \\ \vdots & & \vdots & & \vdots \\ P_{Lt1} & \cdots & P_{Ltj} & \cdots & P_{Ltt} \end{bmatrix} \quad K_L=\begin{bmatrix} K_{L11} & \cdots & K_{L1j} & \cdots & K_{L1m} \\ \vdots & & \vdots & & \vdots \\ K_{Li1} & \cdots & K_{Lij} & \cdots & K_{Lim} \\ \vdots & & \vdots & & \vdots \\ K_{Lm1} & \cdots & K_{Lmj} & \cdots & K_{Lmm} \end{bmatrix}$$

第 3 步：对于舆论多维网络模型，社交维子网参与人节点通过与环境标签、心理情绪、核心关键词匹配，与环境维、心理维、观点维子网节点跨网相连。鉴于此，可分别构建"社交—环境超边""社交—心理超边""社交—观点超边"关联矩阵 A_E、A_P、A_K，由此完成政务舆情多维网络模型构建。

$$A_E=\begin{bmatrix} A_{E11} & \cdots & A_{E1j} & \cdots & A_{E1r} \\ \vdots & & \vdots & & \vdots \\ A_{Ei1} & \cdots & A_{Eij} & \cdots & A_{Eir} \\ \vdots & & \vdots & & \vdots \\ A_{En1} & \cdots & A_{Enj} & \cdots & A_{Enr} \end{bmatrix} \quad A_P=\begin{bmatrix} A_{P11} & \cdots & A_{P1j} & \cdots & A_{P1t} \\ \vdots & & \vdots & & \vdots \\ A_{Pi1} & \cdots & A_{Pij} & \cdots & A_{Pit} \\ \vdots & & \vdots & & \vdots \\ A_{Pn1} & \cdots & A_{Pnj} & \cdots & A_{Pnt} \end{bmatrix}$$

$$A_K=\begin{bmatrix} A_{K11} & \cdots & A_{K1j} & \cdots & A_{K1m} \\ \vdots & & \vdots & & \vdots \\ A_{Ki1} & \cdots & A_{Kij} & \cdots & A_{Kim} \\ \vdots & & \vdots & & \vdots \\ A_{Kn1} & \cdots & A_{Knj} & \cdots & A_{Knm} \end{bmatrix}$$

2. 第 2 阶段：多维网络链路预测算法设计

第 4 步：选择社交维子网的任意两个节点 A_i 和 A_j，对比邻接矩阵 A_L 第 i 行和第 j 行元素取值，获取节点 A_i 和 A_j 在社交维的共同同子网邻居节点集 A_{Aij}；对比关联矩阵 A_E、A_P、A_K 第 i 行和第 j 行元素取值，分别获取节点 A_i 和 A_j 在环境维、心理维、观点维的共同跨子网邻居节点集 E_{Aij}、P_{Aij}、K_{Aij}；节点 A_i 和 A_j 与邻居节点集各要素依次相连，可构建用于判定多维超边相似性的多角星结构，其中每个节点集要素与社交维节点 A_i 和 A_j 同时相连可组成多角星结构的一个角。当节点集 A_{Aij}、E_{Aij}、P_{Aij}、K_{Aij} 要素数分别为 2、1、1、1 时，可构建相应的用于判定多维超边相似性的五角星结构（见图 6-4）。

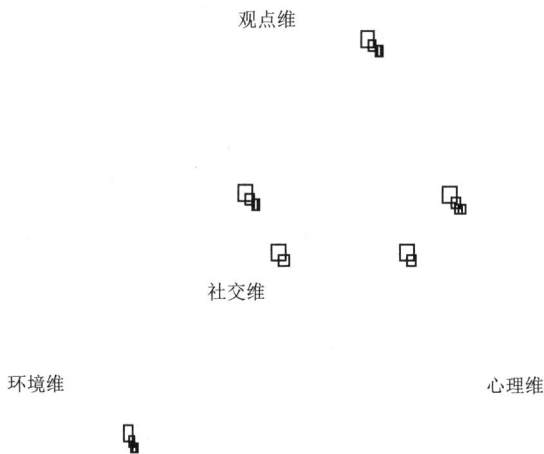

观点维

社交维

环境维   心理维

图 6-4　多维超边相似性的五角星结构示意图

第 5 步：基于多角星顶角在社交维、环境维、心理维、观点维的分布情况，分别计算节点 A_i 和 A_j 在各维度的超边相似性。对于"社交—环境"超边相似性 $\text{Sim}_{ij}^{A_E}$，主要计算社交维节点 A_i 和 A_j 与其环境维关联节点的标签属性隶属关系；对于"社交—心理"超边相似性 $\text{Sim}_{ij}^{A_P}$，主要计算社交维节点 A_i 和 A_j 与其心理维关联节点的情绪态度接近关系；对于"社交—观点"超边相似性 $\text{Sim}_{ij}^{A_K}$，主要计算社交维节点 A_i 和 A_j 与其观点维关联节点的关键词组合重叠关系。此外，对于社交维层内连边相似性 $\text{Sim}_{ij}^{A_A}$，主要计算节点 A_i 和 A_j 与其社交维邻接节点的拓扑结构相似关系。

$$\mathrm{Sim}_{ij}^{A_{\mathrm{E}}} = \frac{\sum_p w_{\angle E_p(A_i, A_j)}}{\sum_q w_{A_{\mathrm{E}\,iq}} + \sum_l w_{A_{\mathrm{E}\,jl}}}$$

$$\mathrm{Sim}_{ij}^{A_{\mathrm{K}}} = \frac{\sum_p w_{\angle K_p(A_i, A_j)}}{\sum_q w_{A_{\mathrm{K}\,iq}} + \sum_l w_{A_{\mathrm{K}\,jl}}}$$

$$\mathrm{Sim}_{ij}^{A_{\mathrm{A}}} = \frac{\sum_p w_{\angle A_p(A_i, A_j)}}{\sum_q w_{A_{\mathrm{L}\,iq}} + \sum_l w_{A_{\mathrm{L}\,jl}}}$$

$$\mathrm{Sim}_{ij}^{A_{\mathrm{P}}} = 1 - \left| \sum_p w_{A_{\mathrm{P}ip}} w_{P_p} - \sum_q w_{A_{\mathrm{P}jq}} w_{P_q} \right|$$

第 6 步：基于自媒体平台发展阶段、事件舆论演化过程的不同，社交维、环境维、心理维、观点维关联节点对节点 A_i 和 A_j 链接可能性的影响具有差异性，本节综合考虑"社交—环境"超边相似性 $\mathrm{Sim}_{ij}^{A_{\mathrm{E}}}$、"社交—心理"超边相似性 $\mathrm{Sim}_{ij}^{A_{\mathrm{P}}}$、"社交—观点"超边相似性 $\mathrm{Sim}_{ij}^{A_{\mathrm{K}}}$ 和社交维层内连边相似性 $\mathrm{Sim}_{ij}^{A_{\mathrm{A}}}$，并通过调节 w_E、w_P、w_K、w_A 的权重取值（取值为 0 或等权），选取不同的超边相似性或连边相似性组合，提出节点 A_i 和 A_j 在不同相似性组合情景下的多维加权相似性 Sim_{ij}。

$$\mathrm{Sim}_{ij} = w_E \mathrm{Sim}_{ij}^{A_{\mathrm{E}}} + w_P \mathrm{Sim}_{ij}^{A_{\mathrm{P}}} + w_K \mathrm{Sim}_{ij}^{A_{\mathrm{K}}} + w_A \mathrm{Sim}_{ij}^{A_{\mathrm{A}}}$$

第 7 步：分别计算社交维子网任意两个节点 A_i 和 A_j 和在特定相似性组合情景下的多维加权相似性 Sim_{ij}，并由此构建含有 $n \times n$ 个元素的多维网络链路预测评分矩阵 **MLP**。

$$\mathbf{MLP} = \begin{bmatrix} \mathrm{Sim}_{11} & \cdots & \mathrm{Sim}_{1j} & \cdots & \mathrm{Sim}_{1n} \\ \vdots & & \vdots & & \vdots \\ \mathrm{Sim}_{i1} & \cdots & \mathrm{Sim}_{ij} & \cdots & \mathrm{Sim}_{in} \\ \vdots & & \vdots & & \vdots \\ \mathrm{Sim}_{n1} & \cdots & \mathrm{Sim}_{nj} & \cdots & \mathrm{Sim}_{nn} \end{bmatrix}$$

3．第 3 阶段：多维网络链路预测算法评价

第 8 步：为验证多维网络链路预测算法的准确性，本节沿用单维复杂网络链路预测的 AUC 指标。在多维网络模型中，社交维子网所有可能存在的边集为 U。而根据社交维子网邻接矩阵 A_{L}，其实际存在的子网内连边集为 E。将已知的连边集 E 分为训练集 E^T 和测试集 E^P 两部分，有 $E = E^T \cup E^P$，且 $E^T \cap E^P = \varnothing$。利用多维网络链路预测算法，计算社交维子网节点对（A_i, A_j）$\in U/E$ 的多维加权相

似性 Sim_{ij}，并将不存在边集 U/E 中所有未连接的节点对（A_i，A_j）按照 Sim_{ij} 值降序排序；利用多维网络链路预测算法，计算社交维子网节点对（A_i，A_j）$\in E^P$ 的多维加权相似性 Sim_{ij}。

$$U = \frac{A \cdot (A-1)}{2}$$

第 9 步：从不存在边集 U/E 中随机选择一个未连接节点对的多维加权相似性分值 $Sim_{ij}^{U/E}$，同时从 E^P 中随机选择一个有连边节点对的多维加权相似性分值 $Sim_{ij}^{E^P}$。比较 $Sim_{ij}^{U/E}$ 和 $Sim_{ij}^{E^P}$ 值的大小，并令 $n' = 0$、$n'' = 0$，若 $Sim_{ij}^{E^P} > Sim_{ij}^{U/E}$，则 n' 的值增加 1；若 $Sim_{ij}^{E^P} = Sim_{ij}^{U/E}$，则 n'' 的值增加 1。独立比较 N 次，可计算得到 AUC 测试指标值。由多维超边链路预测 AUC 测试指标的计算过程可知，若所有分数值均随机产生，则 AUC = 0.5。因此，AUC 值大于 0.5 的程度可以衡量多维网络链路预测算法的准确性。

$$AUC = \frac{n' + 0.5n''}{N}$$

6.2.4　算法的程序实现与开发

为快速实现自媒体网络社交关系预测，本节以舆论多维网络链路预测算法具体流程分析为基础，在 IntelliJ IDEA 集成开发环境下，采用 Java 语言编写链路预测算法的相关程序，具体包括 3 项输入和 5 项输出。其中，程序的输入包括随机抓取的 N 条政务舆情信息；N 条信息所涉及的 n 个舆情用户（$N \geqslant n$）的自媒体环境属性（地理标签、兴趣标签、职业标签等）；n 个舆情用户间的加粉或关注关系邻接矩阵 A_L。程序的输出则包括多维网络链路预测评分矩阵 **MLP**；基于社交维结构相似性的单维链路预测 AUC 指标（n_1 个用户、n_2 个用户、n_3 个用户）；基于社交、环境两维超边相似性的链路预测 AUC 指标（n_1 个用户、n_2 个用户、n_3 个用户）；基于社交、环境、观点三维超边相似性的链路预测 AUC 指标（n_1 个用户、n_2 个用户、n_3 个用户）；基于社交、环境、观点、心理多维超边相似性的链路预测 AUC 指标（n_1 个用户、n_2 个用户、n_3 个用户）。

6.3　小结

随着互联网技术的普及，社交网络已成为人们的主要联络工具，而自媒体时代的社交网络节点关系形成规则较为复杂。两个社交网络用户节点之间是否产生链接不仅受其社交网络节点结构信息的影响，还可能同时受社交网络用户职业环境标签、兴趣观点话题、社交心理情绪等因素的影响。本章的主要贡献如下。

第一，自媒体社交网络链路预测影响因素多样、影响机理复杂，传统网络分析方法已不能满足自媒体社交网络链路预测研究的需要。本章综合考虑政务舆情要素的多维、多层、多属性特征，提出面向政务舆情拓扑规律的多维网络模型，该模型可为社交网络多维链路预测乃至政务舆情的其他研究提供建模思路。

第二，本章在政务舆情多维网络模型的基础上，提出多维网络链路预测算法。该算法可以有效评价不同维度舆情要素对社交网络用户节点链路预测的影响，并发现当综合考虑社交用户节点网络结构信息、职业环境标签、兴趣观点话题等维度的舆情要素时，多维网络链路预测算法的社交节点链路预测准确率最高。

通过对比不同维度舆情要素对社交关系预测的影响程度，本章还发现，相比社交网络用户兴趣观点话题要素，职业环境标签要素能提升用户节点链路预测的准确率，社交心理情绪因素则会降低用户节点链路预测的准确率，观点话题维度属性更有利于提升大样本环境下的自媒体社交关系预测的准确率。

尽管本章已结合政务舆情要素的特征构建了多维网络模型，提出了多维网络链路预测算法，但仍具有一定的局限性。

本章的后续研究将从如下几个方面进一步深化。在复杂网络模型构建环节，后续研究可进一步针对政务舆情多维网络模型的构建，开发相应的舆情信息关键词分词插件，并通过噪声库的设计，提高高频无效关键词的自动甄别效率。在实证分析环节，若未来数据条件允许，研究将进一步扩大微博自媒体平台社交关系及其舆情数据的采集量，或采集部分推特、微信等政务舆情数据，并对其社交关系进行识别和预测。在算法应用环节，后续研究可对多维网络链路预测算法予以改进，并将其应用至网络营销、政治选举、新闻传播等领域，如可对网络营销产品共售关系进行预测，以便有针对性地给网络商城买家提供个性化产品推荐方案。

本章参考文献

[1] AMARAL L, BARRAT A, CALDARELLI G. Virtual round table on ten leading questions for network research[J]. European Physical Journal B, 2004, 38 (2): 143-145.

[2] ARAL S, WALKER D. Identifying influential and susceptible members of social networks[J]. Science, 2012, 337(6092): 337-341.

[3] ATKINSON W W. Thought vibration or the law of attraction in the thought world[J]. Whitefish: Kessinger Publishing Co, 1906: 25-36.

[4] BACKSTROM L, LESKOVEC J. Supervised random walks: predicting and recommending links in social networks[C]// ACM International Conference on Web Search and Data Mining. ACM, 2011: 635-644.

[5] BARABÁSI A. Taming complexity[J]. Nature Physics, 2005, 1(7346): 68-70.

[6] CHAMBLESS L E, DIAO G. Estimation of time-dependent area under the ROC curve for long-term risk prediction[J]. Statistics in Medicine, 2006, 25(20): 3474-3486.

[7] CHEN M, BAHULKAR A, KUZMIN K, et al. Improving network community structure with link prediction ranking[C]// Complex Networks VII. Springer International Publishing, 2016.

[8] CHILUKA N, ANDRADE N, POUWELSE J. A link prediction approach to recommendations in large-scale user-generated content systems[C]// Advances in Information Retrieval. Springer Berlin Heidelberg, 2011: 189-200.

[9] CRASWELL N. Mean reciprocal rank[C]// Encyclopedia of Database Systems. Springer US, 2009: 1703-1703.

[10] CO J M, FERNANDEZ P. Time-series link prediction using support vector machines[C]. Philippine Journal of Science, 2017, 146(2): 105-116.

[11] FARASAT A, NIKOLAEV A, SRIHARI S N, et al. Probabilistic graphical models in modern social network analysis[J]. Social Network Analysis & Mining, 2015, 5(1): 62.

[12] GREENFIELD K, CAMPBELL W M. Link prediction methods for generating speaker content graphs[C]// IEEE, International Conference on Acoustics, Speech and Signal Processing. IEEE, 2013: 7721-7725.

[13] GRUND B, SABIN C. Analysis of biomarker data: Logs, odds ratios and ROC curves[J]. Current Opinion in Hiv & Aids, 2010, 5: 473-479.

[14] HASAN M A. Link prediction using supervised learning[J]. Proc of Sdm Workshop on Link Analysis Counterterrorism & Security, 2006, 30(9): 798-805.

[15] HONG W, SUN Y, YU X. Personalized recommendation based on link prediction in dynamic super-networks[C]// International Conference on Computing, Communication and NETWORKING Technologies. IEEE, 2014: 1-7.

[16] KIESLER C A, PALLAK M S. Minority influence: The effect of majority reactionaries and defectors, and minority and majority compromisers, upon majority opinion and attraction[J]. European Journal of Social Psychology, 1975, 5 (2): 237-256.

[17] KRAUSS R M, FUSSELL S R. Social psychological models of interpersonal communication[J]. Social Psychology Handbook of Basic Principles, 1996, 96(6): 655--701.

[18] KUO T T, YAN R, HUANG Y Y, et al. Unsupervised link prediction using aggregative statistics on heterogeneous social networks[C]// ACM SIGKDD International Conference on Knowledge Discovery and Data Mining. ACM, 2013: 775-783.

[19] LI K, HUANG Z, CHENG Y C, et al. A maximal figure-of-merit learning approach to maximizing mean average precision with deep neural network based classifiers[C]// IEEE International Conference on Acoustics, Speech and Signal Processing. IEEE, 2014: 4503-4507.

[20] LIBEN-NOWELL D, KLEINBERG J. The link-prediction problem for social networks[J]. John Wiley & Sons, Inc. 2007.

[21] LICHTENWALTER R N, LUSSIER J T, CHAWLA N V. New perspectives and methods in link prediction[C]// ACM SIGKDD International Conference on Knowledge Discovery and Data Mining. ACM, 2010: 243-

252.

[22] LIKERT，RENSIS. A technique for the measurement of attitudes[J]. Archives of Psychology，1932，140：1-55.

[23] LIU Y J，LI Q Q，TANG X Y，et al. Superedge prediction：What opinions will be mined based on an opinion supernetwork model?[J]. Decision Support Systems，2014，64(3)：118-129.

[24] LU Z，SAVAS B，TANG W，et al. Supervised link prediction using multiple sources[C]// IEEE，International Conference on Data Mining. IEEE，2011：923-928.

[25] NAGURNEY A. On the relationship between supply chain and transportation network equilibria：A supernetwork equivalence with computations[J]. Transportation Research Part E：Logistics and Transportation Review，2006，42(4)：293-316.

[26] O'KANE P，SEZER S，MCLAUGHLIN K. Detecting obfuscated malware using reduced opcode set and optimised runtime trace[J]. Security Informatics，2016，5(1)：2.

[27] POPESCUL A，UNGAR L H. Structural logistic regression for link analysis[J]. In KDD Workshop on Multi-Relational Data Mining，2003.133.

[28] RAMARAJU S. Psychological perspectives on interpersonal communication[J]. Researchers World Journal of Arts Science & Commerce，2012，3.

[29] RAVASI T. Integrative systems approaches to study innate immunity[J]. Immunomics Reviews，2009，2：1-13.

[30] RIZZO G，D'AMATO C，FANIZZI N，et al. Tree-based models for inductive classification on the Web Of Data[J]. Web Semantics Science Services & Agents on the World Wide Web，2017，45：1-22.

[31] ROZENFELD H D，SONG C，MAKSE H A. Small-world to fractal transition in complex networks：a renormalization group approach[J]. Physical Review Letters，2010，104(2)：025701.

[32] SANTANA-JIMÉNEZ Y，HERNÁNDEZ J M. Estimating the effect of overcrowding on tourist attraction：The case of Canary Islands[J]. Tourism

Management, 2011, 32 (2): 415-425.

[33] SINGH R, HO S Y. Attitudes and attraction: A new test of the attraction, repulsion and similarity-dissimilarity asymmetry hypotheses[J]. British Journal of Social Psychology, 2000, 39 (2): 197-211.

[34] STUMPF M P H, THORNE T, SILVA E D, et al. Estimating the size of the human interactome[J]. Proceedings of the National Academy of Sciences of the United States of America, 2008, 105(19): 6959-64.

[35] TONE H J, ZHAO H R, YAN W S. The attraction of online games: An important factor for Internet Addiction[J]. Computers in Human Behavior, 2014, 30: 321-327.

[36] VALVERDE-REBAZA J, LOPES A D A. Structural link prediction using community information on Twitter[C]// Fourth International Conference on Computational Aspects of Social Networks. IEEE, 2013: 132-137.

[37] WANG H, ZHANG F, HOU M, et al. SHINE: Signed heterogeneous information network embedding for sentiment link prediction[C]// Proceedings of the Eleventh ACM International Conference on Web Search and Data Mining (WSDM'18). New York, NY, USA: Association for Computing Machinery, 2018: 592-600.

[38] WANG Z Q, LIANG J Y, LI R. Exploiting user-to-user topic inclusion degree for link prediction in social-information networks [J]. Expert Systems with Applications, 2018, 108: 143-158.

[39] We Are Social, Hootsuite. (2018, January 30). DIGITAL IN 2018: WORLD'S INTERNET USERS PASS THE 4 BILLION MARK [EB/OL]. [2024, October 30].

[40] XIONG F, LIU Y, ZHU J, ZHANG Z J, ZHANG Y C, ZHANG Y. A dissipative network model with neighboring activation[J]. The European Physical Journal B, 2011, 84 (1): 115-120.

[41] XU J, FARUQUE J, BEAULIEU C F, et al. A comprehensive descriptor of shape: Method and application to content-based retrieval of similar appearing lesions in medical images[J]. Journal of Digital Imaging, 2012, 25(1): 121-128.

[42] YANG J X, ZHANG X D. Revealing how network structure affects accuracy

of link prediction[J]. European Physical Journal B，2017，90(8)：157.

[43] YAVA M，YÜCEL G. Impact of homophily on diffusion dynamics over social networks[J]. Social Science Computer Review，2014，32(3)：354-372.

[44] YUAN S T，FEI Y L. A synthesis of semantic social network and attraction theory for innovating community-based e-service[J]. Expert Systems with Applications，2010，37(5)：3588-3597.

[45] ZHANG J，WANG C，YU P S，et al. Learning latent friendship propagation networks with interest awareness for link prediction [C]// Proceedings of the 36th International ACM SIGIR Conference on Research and Development in Information Retrieval - SIGIR '13. 63-72.

[46] ZHOU T，LIU J G，BAI W J，et al. Behaviors of susceptible-infected epidemics on scale-free networks with identical infectivity[J]. Physical Review E Statistical Nonlinear & Soft Matter Physics，2006，74(2)：056109.

第 7 章

监测预警

舆情监测预警是舆情处置的桥头堡，有效的政务舆情预警可使政务舆情管理工作由事后扑火向事前预防推移，减小舆情危害的影响范围。本章对政务舆情风险监测的相关数据要素与指标体系、风险研判及综合预警体系的构建进行梳理，为后续政务舆情危机的干预与引导提供理论依据。

7.1　政务舆情风险监测

7.1.1　政务舆情风险监测数据要素

随着互联网的快速发展，民众的参与度和舆论影响力不断提升，政务舆情风险也日益凸显。为了及时发现和预警舆情风险，政务舆情风险监测成为政府管理工作中的重要环节。网络舆情要素是网络舆情研究的基础内容，研究者大多从构成要素、演化要素和指标要素这 3 个方面进行研究。

7.1.1.1　政务舆情数据要素来源

从构成要素方面来看，刘毅认为网络舆情产生、传播和变动 3 个系统层面构成了网络舆情的 6 项基本要素；K. Mulder 则从政党、政府、舆论领导人、媒体、网民层面阐述了网络舆情传播的 5 个关键的构成要素。从演化要素方面来看，田进等通过网络舆情经历的"集结、共识、抗争及式微"4 个演化阶段指出抗争是网络舆情演化的关键特征，式微则是必然结果；罗姮对网络舆情的事件要素、网民要素、媒介要素、内容要素 4 个方面的演进过程进行分析。从指标要素方面来看，聂峰英等以舆情热度、舆情发布者、舆情接收者为一级指标，结合移动社交网络舆情的特殊性，建立移动社交网络舆情预警的指标体系；戴媛等利用网络舆情流通量、舆情要素、舆情趋势 3 个指标要素构建了一个较为完善的网络舆情安全体系。

大多数学者以网络舆情热点和网络舆情突发事件为例，对网络舆情的传播规律、传播路径及危机预警等方面进行实证研究。吉小安采用问卷调查的方式分析了社会收入分配不公对民众的影响，最早对舆情传播进行了实证研究；孙飞显等则从新浪微博发布的政府负面网络舆情的研究范畴，提出一种针对政府的负面网络舆情定量监测方法；赵金楼等以 2013 年重大突发事件"4·20 四川雅安地震"为例，探究突发事件微博舆情传播的网络结构特征对微博信息传播的影响；石鹏辉以人社部拟延迟退休事件为例，从度、密度、聚类系数和直径这 4 个方面对舆情传播路径进行探究。

7.1.1.2　政务舆情数据要素分类

政务舆情监测预警与处置回应紧密相关，处于承上启下的重要位置。舆情监测预警是指在舆情危机发生之前，对民众言论和观点进行监视和预测，挖掘事件舆情的征兆或可感知的损失，并向相关部门发出紧急信号，报告危险情况，以避免舆情危机在不知情或准备不足的情况下发生。舆情监测预警研究通常涉及多个层面：理论层面的研究主要通过构建传播模型或信号处理分析模型，设置多阶段、多维度的舆情预警机制；指标层面的研究则主要构建警源、警兆、警情等多类指标体系，并结合指标灰色特征分析，提出预警评价具体程序；方法层面的研究主要涉及模糊综合评价、演化博弈论、语义挖掘、云模型等具体方法；系统层面的研究主要结合预警系统学模型分析，构建监测、汇集、警报、预控等相关子系统。

在高时效、碎片化、互动性的全媒体时代，舆情信息井喷式发展已成为显在的社会现实，这预示着舆情监测预警研究面临新的挑战。文献调研分析显示，国内外涉足全媒体舆情监测预警研究的文献相对较少，涉及的研究层面也较为有限，主要关注效应分析和数据挖掘视角下的舆情预警机制设计，并以此完成全媒体舆情的监测识别技术分析，采用的研究方式和手段也以传统社会舆情分析方法为主，尚未形成针对全媒体政务舆情信息立体异构特征的互补式研究方案或指标体系。

随着大数据时代网络信息的爆炸性增长，传统的网络舆情监测方法很难在海量信息中进行最优化的抽样以反映舆情的整体特征，进而影响后续舆情分析与引导的科学性。我们可借助挖掘技术和人工智能语义、音视频识别技术，丰富政务舆情的来源和数据类型，拓宽政务舆情监测的渠道，使互联网上海量的数据集成为有价值的舆情信息资源，提升网络舆情监测的效能。我们可借助人工智能、传感器、物联网等技术和设备，对多元舆情主体进行智能识别、分类，将网络文本、音视频、表情、传感数据等纳入舆情监测的范围。政务舆情监测目标从内容向"内容＋关系＋情感"转向，而传统的网络舆情监测只重视舆情主体在舆情事件中进行的话语表达，抓取的舆情数据主要集中于文本内容层面。随着数据挖掘、传感技术、语义识别、情感分析等技术的发展，人工智能以其自动识别、感知获取、自动筛选的优势，能够自动采集网络上的结构化数据和非结构化数据，利用向量机法、贝叶斯法、随机场法等机器学习算法对网络舆情数据进行情感倾向性分析。这不仅可以监测话语背后的社会心理、动机、情感诉求等因素，还可以探究舆情传播中各传播节点之间的社会网络关系，实现对互联网用户的情感心理和社会关系的多维度监测。我们可依托感知智能技术和数据流挖掘技术实时处理高速传播的大量舆情数据，把握网络舆情的产生来源和传播趋势，实现全网热点舆情的实时监测，使网络舆情监测工作更加全面和及时。

7.1.2　政务舆情风险监测指标体系

7.1.2.1　政务舆情话题发现与跟踪

在政务舆情话题发现方面，社交网站和多媒体技术的快速发展带来了海量的跨媒体数据，如各个网站中的文本、图像和视频。在过去的十年中，各界投入了大量精力来使用户更加容易访问这些海量的跨媒体信息，然而，如果没有有效的抽象概括技术，用户消化关于他们所关注的热门话题的关键信息是非常困难且耗时的。因此，将跨媒体信息集成到话题中为用户提供了一种理解已发生的真实事件的简便方法，从而增强了用户体验。跨媒体话题检测是对非结构化跨媒体数据进行总结的技术。文本话题检测已不能满足用户主动浏览热门话题和理解不断增长的网络多跨媒体数据的需要，因此跨媒体话题检测成为研究重点。跨媒体话题检测相关的研究从方法上大致可以分为两类：基于主题模型的方法和基于图的方法。主题模型是一种基于概率图的生成模型，通过建立信息与主题之间的关联，被广泛用于话题检测任务中。潜在狄利克雷分布（Latent Dirichlet Allocation，LDA）模型在 2003 年被布莱等人首次提出。LDA 模型适用于对数据进行"潜在语义分析"，被广泛用来识别大规模语料库中隐藏的主题信息，给出语料库中的每篇文档的主题概率分布。LDA 模型是一种无监督的学习算法，不需要任何文档和主题之间的先验知识，也不需要训练好的语料库。具体步骤如下。

（1）对于每篇文档，生成该文档的主题多项式分布 $\theta_m \sim \mathrm{Dir}(\alpha)$；对于每个主题，生成该主题下词的多项式分布 $\varphi_k \sim \mathrm{Dir}(\beta)$。

（2）对于文档中的每个词 $w_{m,n}$。

a．从文档—主题的多项式分布中采样一个主题 $z_{m,n} \sim \mathrm{Mult}(\theta_m)$。

b．从主题—词的多项式分布中采样一个词 $w_{m,n} \sim \mathrm{Mult}(\varphi_m|z)$。

LDA 模型对应的概率分布如下。

$$
\begin{aligned}
& p(w, z, \theta, \varphi | \alpha, \beta) \\
& = p(\theta_m | \alpha) p(\varphi_k | \beta) \left(\prod_{n=1}^{N} p(z_{m,n} | \theta_m) p(w_{m,n} | z_{m,n}, \varphi_k) \right)
\end{aligned}
$$

在实际运用中，通常采用变分法和吉布斯采样法对模型进行求解。吉布斯采样（Gibbs Sampling）是马尔可夫链蒙特卡罗（Markov Chain Monte Carlo，MCMC）的一种算法特例，用于在难以直接采样时从某一多变量概率分布中近似抽取样本序列，经常用来推导高维模型，也是 LDA 模型推导在实际运用中最常用的一种解决方法。

在政务舆情热点跟踪方面，LDA 模型主要集中在分类或聚类算法的选择与融合、自适应话题追踪等几个方面。基于分类的追踪方法利用训练好的分类器来进行话题相关性分析。例如，使用 SVM（支持向量机）算法进行分类器的训练，避免了需要类型标签的问题。还有一些研究通过构建朴素贝叶斯模型来实现话题追踪、基于 KNN 实现话题跟踪等。为了充分补全话题关键词，采用 PMI（Pointwise Mutual Information，点间互信息）来挖掘潜在的关键词。PMI 被用来衡量两个关键词之间的关系，PMI 的大小代表了它们关系的强弱。PMI 的计算公式如下。

$$
\mathrm{PMI}(V_i, V_j) = \lg \frac{P(V_i, V_j)}{P(V_i) P(V_j)}
$$

此外，随着时间的推移，话题的重心在动态变化，会产生话题漂移的现象，简单的分类算法已经不能满足动态话题追踪的需求。基于聚类的追踪方法，常见的是 Single-Pass 算法及 k-means 算法。此外，由于话题漂移现象的存在，自适应话题追踪近些年也得到了进一步发展。此类算法在话题追踪时将新特征融入初始模型，并对特征项权重进行实时修正，进而改进追踪效果。

7.1.2.2　政务舆情观点聚类

在舆情分析领域，观点聚类一般是针对文本模态的，是将网络上用户对某些话题或政策相关的言论进行归类和总结。现有相关研究主要包括聚类的算法和基于主题模型的算法。

1. 聚类算法

文本聚类的基本思想是将语料库中的文档按照一定的规则进行划分，相似的文档尽量归于一类，不同类中的文档相似性较低。文本聚类不需要依赖任何类别属性，因此该种方法是无监督学习方法。相对而言，文本分类则需要有已知的文档类别属性，通过训练好的模型将未知类别的文档划分到确定好的类别中。一般情况下，文档的类别属性是未知的，因此大多选用聚类算法。文本聚类可分为文本预处理、特征表示和聚类3个阶段。在文本预处理阶段，非结构化的文本数据被转换成计算机可处理的结构化数据，一般包括去停用词、去标点符号和分词等，其中分词是处理中文文本的。在具体操作中需要根据不同任务采用相应的方法。在特征表示阶段，将文本预处理之后的结构化数据表示成特定的形式以便计算机进行处理，一般包含特征降维、特征空间建立和权重表示等。在最后的聚类阶段，根据文档之间的相似度以某种规则进行聚类，最常用的聚类算法是k-means。

2. 基于主题模型的算法

与话题检测类似，在观点聚类中也可采用LDA模型。LDA模型将文档和单词表示为关于主题的概率分布，并获得每篇文档和所有主题之间的关系，以及所有单词和每个主题的概率分布。例如，专门针对推特数据设计的主题模型TwitterLDA。与传统的新闻文档不同，推特的推文短而且噪声大。该模型将每条推特只映射到一个主题，而不是将推文视为多个主题的混合体，即主题多项式分布。这种思路后来被很多人采用，由于现在的社交网站中的数据（各类官方政务微博）通常都有字数限制，新闻评论数据量小，对此类评论进行聚类，并使用生成的类别信息生成评论摘要，效果显著。

7.1.2.3 网络用户情感分析

情感分析分为文本情感分析和视觉情感分析，情感的划分有三分类，如积极、消极和中立；也有多分类，如常用的七分类将情感分为生气、厌恶、恐惧、惊讶、高兴、伤心和中立。在政务舆情分析中，主要应用的是文本情感分析。常用的分析方法大致可以梳理成两个常见的方向，一种是机器学习的方法，另一种是基于词典的方法。基于机器学习的方法，主要包括以下几类。

1．决策树分类器

决策树是一种常见的机器学习方法，它基于树的结构来进行决策。一般来说，一棵决策树要包含一个根节点、若干个内部节点及若干个叶节点，其中叶节点对应着决策的结果，其他的节点都对应到一个属性的测试，每个节点所包含的样本集合需要根据属性测试的结果划分到相应的子节点中。根节点包含了样本的全部集合，从根节点到叶节点的每个路径都对应着一个判定测试的序列。

2．线性分类器

线性分类器中最常用的是支持向量机，文本数据非常适合 SVM 分类，这是因为文本的稀疏性。文本中很少有特征是无关紧要的，但它们往往相互关联，并且通常组织成线性可分的类型。

3．基于规则的分类器

在基于规则的分类器中，数据空间使用一组规则建模，左侧表示以析取正常形式表示的特征集上的条件，而右侧表示类标签，条件是词的存在与否。例如，基于规则的情感方法，可以为新浪微博内容提供情感检测，并以细粒度的情感提取相应的原因成分，情感词典可以从语料库中手动或自动构建，同时，可以在基于贝叶斯概率的多语言特征的影响下计算原因成分的比例。

4．概率分类器

朴素贝叶斯分类器是最简单和最常用的分类器，朴素贝叶斯分类模型基于文档中单词的分布来计算类别的后验概率。该模型使用 BoWs 特征提取，忽略文档中单词的位置。它使用贝叶斯定理来预测给定特征集属于特定标签的概率，用于分析用户对电影的评论，并基于朴素贝叶斯算法完成情感分类。

基于词典的情感分析方法来源于基于某些语法规则的文本分析，这种方法相对来说比较简单、纯朴且容易理解。该方法需要领域专业人员预先构建好用于情感分析的情感词典，包括正向和负向的情感词典，即将语言中被用于表达情感的词语分成两个类别，然后统计待分析的文档中正、负情感词各自出现的个数来评估该文档的情感倾向。情感词也分不同的级别或权重，比如，厌恶和恨虽然都是负向情感词，但在情感表达程度上是不一样的，所以需要专业人员在情感词上加上不同的权重或级别来改进情感词典的建立。目前已有很多针对中文和英文的较为完善的情感词典。在一些前人的工作基础上，就情感词典方面而言，中国知网的研究者已经整理出了一部知网情感词典（Hownet 词典）。除此以外，台湾大学的学者们整理出了台湾大学情感词典 NTUSD，另外还有富士通公司整理的情感词典和程度词典等。

网民的情感包含正面情感、负面情感和中性情感，网民的负面情感强度越高，网络舆情蔓延速度越快、波及范围越广、影响越大，越容易造成舆情危机。

7.1.3 政务舆情监测信息采集方法

网络舆情要素在各大网站集合，网站、网址的不同等都会影响舆情的数据，其演化过程中舆情要素的倾向性和舆情要素之间的关系随时空变化。

大量国内外学者开展了网络舆情监测预警模型及体系构建的研究。张一文等依据贝叶斯网络建模较为系统性地构建了网络舆情态势评估与预测模型；D. Martens 等在单一粒度的观点挖掘算法的基础之上，较为完善地建立了网络舆情监测和预警模型；王铁套等运用模糊综合评价法构建了网络舆情预警模型，从而得到网络舆情的预警等级。可见，国内外学者对舆情监测预警模型的研究主要集中在构建模型及趋势评估等方面。我们结合数据挖掘方法与模糊数学理论，依据直觉模糊理论建立网络舆情监测预警评估方法。所谓直觉模糊理论，就是对传统模糊理论的有效继承和发展，用数学描述更加符合客观世界模糊对象的本质，该理论已经成功应用在模式识别、态势威胁评估和多属性决策等领域。我们在筛选指标要素方面采用扎根理论方法，通过模糊—层次分析法确定指标权重，根据直觉模糊推理算法对网络舆情监测预警等级进行综合评估，在进一步推进相关管理部门及时掌握网络舆情动向的同时，对舆情进行准确识别和有效预警控制，也为网络舆情分析者提供辅助。

本节将采用模糊层次分析法确定指标权重，通过构建模糊层次矩阵判断指标元素权重。模糊层次分析法较传统的层次分析法具有计算过程复杂度低和计算结果分辨率高的优点。该方法在确定指标因素的基础上采用调查问卷构造比较判断矩阵，通过比较被调查者，依据舆情传播理论和自身经验对影响指标因素进行打分，使用 0、0.5、1 三级标度法以矩阵的形式对各指标相对于网络舆情传播的重要程度进行判断，判断规则与方法如下。

$$a_{ij} = \begin{cases} 1, & \text{因素 } i \text{ 比因素 } j \text{ 重要} \\ 0.5, & \text{因素 } i \text{ 和因素 } j \text{ 同重要} \\ 0, & \text{因素 } i \text{ 没有因素 } j \text{ 重要} \end{cases}$$

将模糊—层次分析法构建的模糊比较判断矩阵转换为模糊一致性矩阵。

第 1 步：分别根据比较判断矩阵的行、列对判断数值进行求值和计算。

$$a_i = \sum_{j=1}^{n} a_{ij}, \quad i = 1, 2, 3, \cdots, n$$

$$a_j = \sum_{i=1}^{n} a_{ij}, \quad j = 1, 2, 3, \cdots, n$$

第 2 步：通过对矩阵中的每个指标元素进行模糊转换，从而得到模糊一致的矩阵。

$$a_{ij} = \frac{(a_i - a_j)}{2n} + 0.5, \quad i, j = 1, 2, 3, \cdots, n$$

第 3 步：根据检验通过的模糊一致矩阵计算各指标 a_i 对网络舆情传播重要性的权重 ω_i。

$$\omega_i = \frac{1}{n} - \frac{1}{2l} + \frac{1}{nl} \sum_{k=1}^{n} a_{ik}, \quad i = 1, 2, 3, \cdots, n$$

其中，n 为指标因素个数，l 是用于计算权重 ω_i 的参数，为了提高计算结果的分辨率，通常设定 $l = (n-1)/2$。

第 4 步：通过如上计算，最终得到各个指标的权重值。

$$W = (\omega_1, \omega_2, \cdots, \omega_n)$$

7.2　政务舆情风险研判

基于全媒体政务舆情要素驱动关系分析，从社交维、心理维、观点维等维度，挖掘单媒体政务舆情信息成长为全媒体政务舆情危机的主导性因素，构筑基于多维网络模型拓扑结构的属性分析，将全媒体政务舆情危机形成的主导性因素定量化、结构化，并结合负面舆论领袖识别、敏感舆情话题识别、负面网民心理识别等，实现全媒体政务舆情多维度风险识别，此为政务舆情监测预警的关键。

1．识别研判标准

客观性。识别研判的首要任务是识别网络舆情信息的真伪。识别舆情信息真实或虚假对分析网络舆情信息有非常重要的参考价值，决定了此后采取的应对舆情危机的策略和手段。

危险性。识别研判的主要目的是判断舆情信息的危险性。对可能造成的危害的舆情进行评估，确定以何种方式处置和应对。危险性的大小，直接决定着舆情信息的自身价值及重要性。

相关性。将分散、不完整的舆情信息和数据结合起来，分析信息和数据之间的内在联系，透过现象看本质，判断舆情的发展趋势。

2．讨论研判关注重点

网络舆情覆盖范围。研究网络舆情的转载量和浏览量，能判断舆情信息的受众群体数目。充分考虑年龄、职业、民族、宗教信仰等特定影响因素，评估和考量不同的网民主体结构，能获取网络舆情的受众群体，并以此判断舆情覆盖的范围。受众人数越多，舆情覆盖的范围也越广，事件影响力也就越大。

网络舆情传播速率。追踪舆情信息出现的初始时间与传播范围，进行交叉分析，判定舆情信息的传播速率。获取舆情信息的扩散速度和判断当前事态所处的发展阶段可以判定网络舆情危机等级和网络舆情发展趋势。在评估网络舆情信息的传播范围、扩散速度之后，充分考虑舆情信息的重要程度，考虑由此产生的深远影响，判断舆情信息发展演变的倾向性。

7.2.1 政务舆情风险多维分析

网络政务舆情危机是近年来政府亟须解决的一种新型公共危机形态。可以将网络舆情危机定义为：由于公民意识及公民诉求表达的不断深化，公共事件中折射的社会问题和政府不当行为能在互联网上短时间内引起社会关注，并逐渐从网络舆情事件演变成群体性事件，使公民对政府公信力产生怀疑从而出现信任危机，导致政府形象损坏的现象。构成网络政务舆情危机的影响因子是多方面的，包括观点维、心理维、社交维等维度。

在观点维，网民对于某一热点话题的讨论，其观点有一定的倾向性，在经过网络群体的讨论后这一倾向性会变得更加明显，如果不加以引导则会朝着极端的方向发展，衍生网络暴力并诱发网络政务舆情危机。

在心理维，通常来说，引起网络政务舆情危机的舆情事件都具有相同的产生原因，究其根本还是在于长久积累的各类社会问题，网络政务舆情危机只是社会问题在线上的一种表现形式。

在社交维，网络媒体意见领袖的影响和传统媒体的缺位，使网络平台上充斥着各种具有煽动性、危害性的信息，有些意见领袖借机抓住网民的负面情绪加以煽动，会使网民做出很多极端的行为，加剧了网络群体极化的现象。

7.2.2 政务舆情风险识别评估

结合政务舆情多维风险值的识别，应从公共危机全生命周期分析视角，总结全媒体政务舆情危机的形成过程，基于多维网络模型节点链接、依赖、嵌套关系的梳理，结合模式识别、QSIM（定性仿真）、链路预测等算法指标的构建原则，建立全媒体政务舆情组织度、扩散度、集中度、临界度等研判指标，探析指标组合视角下的互补式政务舆情风险识别评估方式。

组织度：根据融合层利益体组成，分析政务舆情全媒体融合组织形式。

扩散度：根据社交层节点关系密度，评价舆情传播速度、广度和深度。

集中度：根据观点层信息集中性，评估利益人群话题倾向（赞成／反对）。

临界度：根据心理层舆情情绪倾向，判定政务舆情危机最低反应阈值。

建立舆情监控绩效评估机制能提高舆情监控意识、责任意识和服务意识。舆情监控绩效评估具体是指综合评价政府在舆情监测与处理过程中的各项行为与效率，同时据此来考察政府的行政水平与效果。因此，舆情监控绩效评估机制的评价指标体系须在政府对舆情事件进行有效监测的基础上来进行设定，通过增强其制度、规范的实施来评价政府舆情监测体系是否能够高效运行，同时也能在一定程度上提高其内部专业人员参与的积极性。另外，网络舆情监测与预警系统可以为政府部门提供舆情"情报"，使社会管理者对现实中出现的网络政务舆情能够有效且及时掌控，为社会和谐稳定提供一份力量。

7.2.3 网络政务舆情风险研判体系

网络政务舆情风险研判体系是一个复杂作用的关系，它由许多同一层次、不同作用和特点的影响因素，以及不同层次的复杂程度、作用程度不一的影响因素组成。本节将评价体系构建为目标层、准则层与指标层 3 层结构（见表 7-1）。

目标层：网络政务舆情事件评价结果。

准则层：网络政务舆情包含的主体结构、客体属性、媒体效力，是对网络政务舆情结构的细分。

指标层：对每个准则进行细分，其中一级指标 8 个，二级指标 34 个。

表 7-1　网络政务舆情风险研判体系

目标层	准则层	指标层		
		一级指标	二级指标	数据来源
网络政务舆情事件	主体结构	观点极化结构	观点极化数	观点语义模型
			是否含有偏激观点	专家权威评价
		传播阶段结构	点赞浏览比	层次分析模型
			转发浏览比	
			评论浏览比	
		情感倾向结构	舆情事件情感等级	舆情主体结构模型
			舆情事件情感倾向性	
			舆情事件情感敏感点	
			舆情事件极端情感	
			舆情事件情感反应	
			舆情事件情感唤起	
			舆情事件情感突变度	
	客体属性	责任属性	主要责任评分	专家权威评价
			责任叠加评分	
		存续属性	衍生话题的存续指数	存续指数计算
			舆情事件时效度	数理统计
			突然爆发事件倾向分布	专家权威评价
			持续发酵事件隶属度	
			系列事件隶属度	
		领域属性	民族宗教事件隶属度	
			科技创新事件隶属度	
			社会民生事件隶属度	
			政府管理事件隶属度	
			重大事故事件隶属度	
			医疗卫生事件隶属度	
	媒体效力	导向效力	官方媒体影响力	官方媒体发声前后热度差值
			官方媒体影响速率	官方媒体发声前舆情持续时间
			官方媒体关注度	全部官方媒体的粉丝总量
		传播效力	核心用户比	数理统计
			自媒体、官方媒体比	
			平台覆盖力	
			平均被转载速率	
			平均被评论速率	
			平均被点赞速率	

7.3　政务舆情综合预警

7.3.1　政务舆情预警等级

在政务舆情安全风险等级及预警研究中，将风险划分为"红、橙、黄、蓝"4 个等级，用于区分风险的危重程度。这一形象化分类方法也被引入网络舆情事件等级分类中。其中红色为极为重大且危急的舆情事件，橙色为较重大且有较高风险的舆情事件，黄色为有一定风险的舆情事件，蓝色为相对平缓且安全的舆情事件（见表 7-2）。

表 7-2　政务舆情预警等级

危机分型	表征	常规调控需求	应急响应需求
红 I	广泛的媒体报道，大量的网民讨论和强烈的舆论压力	重点调用技术资源，密切关注事态发展，在舆情案例库中进行案例整合，制定紧急预案	迅速对责任主体问责，确保处理流程公开透明，迅速控制事态发展
红 II	舆情受众处于高敏感、高关注状态	部分调用技术资源实时监控，形成舆情处理报告，并进行备案	采取必要的舆情引导和管理措施，对舆情受众观点、疑问实时响应
红 III	观点衍化可能性高，可能存在不实信息	调用重点技术资源实时监控，形成舆情处理报告，及时向上级汇报	追踪事件相关不实信息来源，确保处理流程公开透明，密切关注舆情演化态势，并进行响应
橙 I	舆情受众参与度较高、有较大的社会影响和危害	调用部分技术资源监控，形成舆情处理报告，备案至舆情案例库中	政府官方媒体针对过激情绪展开疏导，及时响应网民观点疑问
橙 II	舆情危机有进一步恶化的可能	重点调用技术资源实时监控，关注事态发展，及时向上级汇报	关注舆情演化态势，谨防舆情危机扩大、恶化，组织相关部门进行分析判断
橙 III	存在自媒体负向引导的可能	局部调用技术资源监控，形成舆情处理报告，并进行备案	关注事件相关自媒体报道，与传统媒体及网络新闻媒体合作完成舆情引导
黄 I	影响范围较广，舆情受众活跃度较高	利用部分技术资源，对舆情潜在爆发风险进行预警，在舆情案例库中进行备案	对网民的集中性观点进行响应，通过政府官方媒体实现舆情引导
黄 II	舆情客体的发展变化可能引起舆情危机发展不可控	利用部分技术资源，对舆情潜在爆发风险进行预警，在舆情案例库中进行备案	对网民的集中性观点进行响应，适时通过政府官方媒体实现舆情引导
黄 III	舆情媒体对事件态度高敏感再爆发进行预警	形成舆情处理报告，利用部分技术资源，对舆情潜在爆发风险进行预警	与传统媒体及网络新闻媒体合作完成舆情引导，实时响应舆情受众的观点、疑问
蓝 I	舆情危机可能尚处于潜伏期，需要密切关注	保留舆情案相关记录，利用部分技术资源，对舆情潜在爆发风险进行预警	关注民意调研结果，宣传公众参与途径，保持官方媒体热度

危机分型	表征	常规调控需求	应急响应需求
蓝 II	舆情事件不会轻易引发危机	评估舆情监控绩效	官方媒体更新事件动态，保持官方媒体热度

7.3.2　政务舆情预警等级隶属度评价

从舆情重要性的角度来看，舆情重要性是指事件或话题在公众舆论中的关注度和影响度。通常，重要的事件或话题会引起广泛的关注和讨论，并可能对政府形象和公信力产生较大的影响。因此，舆情重要性的评价对于确定预警等级至关重要。在评价时，需要考虑事件或话题的性质、涉及的范围、媒体的报道程度等因素。

从舆情扩散性角度来看，舆情扩散性是指事件或话题在互联网上的传播速度和范围，是舆情监测分析的主要指标，也是最常用的指标。在现代社会，信息传播迅速，舆情扩散性对预警等级的影响也越来越重要。评价舆情扩散性时，需要考虑互联网平台的传播速度、覆盖范围、用户数量等。

从舆情持久性角度来看，舆情持久性是指事件或话题在公众舆论中的持续时间和影响程度。一些短期的事件或话题可能只引起短暂的关注和讨论，而一些长期的问题则可能对政府形象和公信力产生持续的影响。因此，舆情持久性的评价也是确定预警等级的重要因素。在评价时，需要考虑事件或话题的持续时间、影响范围、媒体的后续报道等因素，可以根据舆情所处潜伏期、爆发期、持续演进期、持续衰退期、解除消失期的具体阶段，采取相应的决策。

从舆情正面性来看，舆情正面性是指公众对事件或话题的态度和情感倾向。一般来说，负面的舆情可能对政府形象和公信力产生较大的负面影响，而积极的舆情则可能提高政府的形象和公信力。因此，舆情正面性的评价也是确定预警等级的重要因素。在评价时，需要考虑公众的态度和情感倾向、媒体的报道角度等因素。

从舆情互动性方面来看，舆情互动性是指公众在互联网上对事件或话题的参与度和互动程度。参与度和互动程度越高，说明公众对事件或话题的关注度和参与度越高，对政府形象和公信力的影响也越大。因此，舆情互动性的评价也是确定预警等级的重要因素，在评价时，需要考虑互联网平台的用户评论、转发等互动行为的数量和质量等因素。

7.3.3　政务舆情预警预案决策匹配

政务舆情政府综合预警系统的构建根据路径实施内容具体分为 4 类流程：先导建设流程、网络舆情分型分析流程、网络舆情常规调节流程、网络舆情应急响应流程。4 类流程在过程中前后承接、在功能上互补协同、在职能上各司其职，共同构成政府监控流程各阶段的主体工作内容。

先导建设流程涉及路径包括：政府人员专项能力、政府职能部门细则、政府职能部门协作力、政府门户网站服务、政府自媒体平台影响力、舆情监控问责机制、政府资源配置预案。网络舆情分型分析流程涉及路径包括：网络舆情知识挖掘技术、网络舆情危机应急响应技术、网络舆情知识发现技术、政府舆情事务案例库、舆情监测考核评价体系、舆情事件危机规划方案。网络舆情常规调节流程涉及路径包括：网络舆情信息发现技术、公众参与渠道、政府门户网站服务、政府自媒体平台影响力、媒体合作渠道、舆情监控绩效评估机制、民意调访机制、事件回访机制、舆情监控问责机制。网络舆情应急响应流程涉及路径包括：网络舆情危机预案、政府法规宣传方案、政府资源配置预案、政府通报公告声明、政府流程透明度、保密法规及实施细则。

以先导建设流程作为整体监控流程的依托，为后续流程提供先导建设内容，包括各类网络舆情预案、政府工作细则、绩效评估方案、政府网络舆情平台建设；网络舆情分型分析流程以先导建设流程输出结果为输入，进行网络舆情危机事件分型分析，为后续流程提供路径实施的数据基础与理论支撑；网络舆情常规调节流程与网络舆情应急响应流程同时进行，针对不同分型、不同等级的网络舆情危机事件。

网络舆情常规调节流程主要针对低危或中危网络舆情事件，在舆情爆发初期控制网络舆情事件传播态势，而网络舆情应急响应流程主要针对突发的高传播性、广领域性高危网络舆情事件进行危机预警与应急响应，通过一系列技术手段对突发网络舆情事件进行应急处置。

鉴于全媒体舆情形成过程的不确定性，我们将政务舆情危机互补式评估指标体系进行模糊化处理，提出指标间的模糊关系矩阵，采用模糊推理和模糊决策技术，自动研判全媒体政务舆情预警等级；结合近 5 年政务舆情案例库历史数据，挖掘模糊预警指标或等级相关联的潜在社会影响，从政府公信力、舆论风险性、社会稳定性等角度，提出全媒体政务舆情综合预警机制。

首先，调用经过优化的舆情事件监控决策要点和监控决策路径匹配系数，依据舆情事件监控决策要点筛选其对应的具有较高匹配系数的监控决策路径，从已经分解细化的舆情事件监控决策要点着手，分析当前舆情危机中急需解决的问题，并遵循其与政府监控决策路径间的关联，建立一个整合了可能有效的政府相应路径组合，从而构建一个政府舆情事件监控决策基础模型。在这个模型中，仅显示有效的监控决策路径，而未对各监控决策路径的应用方略进行规划。

其次，政府舆情事件监控决策基础模型在具体应用的过程中会与具体的舆情危机情景有较大的差距，为了在具体的应用中能做到精准引导和快速反应，需要对该基础模型进行进一步的优化。调用网络舆情危机风险分型分析过程中匹配的案例，对案例的演化历程和监控决策方略实际作用效果进行分析和评价，并以此作为决策依据，将有效的监控决策方略嵌入舆情危机基础模型中，调整各监控决策路径的应用权重和切入时间节点，从而达到优化模型的目的。

再次，在调用网络舆情危机风险分型分析过程中，得出了舆情危机关键节点诊断结果，再根据舆情危机动力要素的筛选结果，识别出危机演化中的关键节点。针对这些节点调用具有靶向作用的监控决策路径，并据此对舆情事件监控决策基础模型进行补充和细化。最后，把针对关键节点的相应路径应用权重调整至优先级别，以确保其能快速反应。至此，网络舆情监控决策危机应用模型构建完成。这一模型以大量历史数据分析得出的先验知识为驱动，整合具体操作者所处的政府组织资源，面向具体舆情危机在监控决策工作中的具体需求，形成快速、精准、具有极强可操作性的网络舆情事件监控决策工作流程和策略。

7.4　小结

全媒体时代，政务舆情传播主体动态多元，信息井喷式发展热度持续走高，构建科学合理的事前识别预警体系，可较大程度减少舆情隐患的危害范围。基于多维网络模型结构属性及其功能分析，将各层子网内和子网间的节点属性有机结合，构建舆情事前预警的互补式风险识别方案和评估指标体系，并由此开展全媒体政务舆情综合预警机制设计，是建立政务舆情综合预警的有效手段。结合模式识别、QSIM、链路预测等算法指标构建原则，建立组织度、扩散度、集中度、临界度等研判指标，探析指标组合视角下的互补式政务舆情评估体系。

本章参考文献

[1]　王青，成颖，巢乃鹏 . 网络舆情监测及预警指标体系构建研究 [J]. 图书情报工作，2011，55(08)：54-57+111.

[2]　左蒙，李昌祖 . 网络舆情研究综述：从理论研究到实践应用 [J]. 情报杂志，2017，36(10)：71-78+140.

[3]　傅昌波，刘冰 . 融媒体环境下重大突发事件的社会舆情风险与整体治理策略 [J]. 北京师范大学学报（社会科学版)，2021(04)：151-160.

[4]　徐芸怡 . 智能媒体时代网络舆情的智能治理 [J]. 新媒体研究，2021，7(09)：5-7+45.

[5]　杨兴坤，周玉娇 . 网络舆情管理：监测、预警与引导 [M]. 第一版 . 北京：知识产权出版社，2019.

[6]　谢耘耕，李丹珉 . 案例推理：人工智能时代舆情分析研究的新取向 [J]. 新媒体与社会，2022(02)：230-248.

[7]　任天舒 . 融合 BERT 预训练和深度学习的社交媒体情感智能化分析 [D]. 贵阳：贵州财经大学，2022.

[8]　顾明赟 . 社交媒体用户数据驱动的突发公共事件舆情演化及博弈研究 [D]. 武汉：中国地质大学，2022.

[9]　GAO WANG, DENG HONGTAO, ZHU XUN, FANG YUAN. Topic-BERT: Detecting harmful information from social media[J]. Intelligent Decision Technologies，2021，15(3).

[10]　张仰森，段宇翔，黄改娟，蒋玉茹 . 社交媒体话题检测与追踪技术研究综述 [J]. 中文信息学报，2019，33(07)：1-10+30.

[11]　DOU MINGXUAN, GU YANYAN. Community-Level Social Topic Tracking of Urban Emergency: A Case Study of COVID-19[J]. Annals of the American Association of Geographers，2022，112(7).

[12]　张丽青 . 基于贝叶斯网络的话题追踪模型研究 [D]. 保定：河北大学，2020.

[13]　单志佳，席耀一，唐永旺，杨航，张新宇 . 基于 KNN 算法的大数据话题追踪技术研究 [J]. 信息工程大学学报，2019，20(03)：379-384.

[14]　王霄汉，刘子虞，陈梓仪，单晓红 . 基于微博的中国新冠肺炎疫苗研发

公众关注热点研究 [J]. 情报探索，2022(05): 125-134.

[15] 郭文忠，黄畅，郭昆，陈羽中. 基于双向量模型的自适应微博话题追踪方法：CN109284379B[P]. 2022-01-04.

[16] 张闯，柏文言，徐克付. 一种融合用户关系的自适应微博话题追踪方法：CN105468669B[P]. 2019-05-21.

[17] 薛素芝. 基于时间发展的微博自适应话题追踪研究 [D]. 济南：山东师范大学，2014.

[18] 袁文昌. 基于深度学习的网络舆情引导效果评估的研究与应用 [D]. 武汉：武汉邮电科学研究院，2022.

[19] 任星怡. 基于社会化媒体的若干兴趣点推荐关键技术研究 [D]. 北京：北京邮电大学，2017.

[20] 赵凯. 基于情感分析的微博舆情演化研究 [D]. 贵阳：贵州财经大学，2022.

[21] 谢强. 面向中文歌词的歌曲情感分类方法研究 [D]. 南京：南京邮电大学，2022.

[22] 邓东. 情感词典构建方法及其应用研究 [D]. 北京：北京交通大学，2019.

[23] 刘怡君，王光辉，马宁，李倩倩. 从数字看舆情 —— 十大舆论实例剖析及应对 [M]. 北京：科学出版社，2017.

[24] 田世海，于越，邓舒予. 突发公共事件多情景下的网络舆情危机预警研究 [J]. 情报理论与实践，2023，46(01): 132-140.

[25] 武超群. 网络环境下公共危机治理研究 [D]. 北京：中央财经大学，2016.

[26] 丁海昕，王沁，李志刚. 疫情期间社会媒体舆论影响下公众情感变化与情感指数分布及对策分析 [J]. 新媒体研究，2021，7(21): 11-14.

[27] MULDE K.The dynamics of public opinion on nuclear power. Interpreting an experument in the Netherlands[J].Technological Forecasting ＆ Social Change，2012，179(8): 1513-1524.

[28] 田进，朱利平，曾润喜. 网络舆情交互触发演变特征及政策议题建构效果 —— 基于系列"PX 事件"的案例研究 [J]. 情报杂志，2016，35(02): 133-138.

[29] 刘毅. 网络舆情研究概论 [M]. 天津：天津人民出版社，2007: 61-73.

[30] 罗姮. 社会焦点事件网络舆情演变研究 [D]. 武汉：华中科技大学，2011.

[31] 戴媛，姚飞. 基于网络舆情安全的信息挖掘及评估指标体系研究 [J]. 舆

情理论与实践，2008，31(06)：873-876.

[32]　聂峰英，张旸 . 移动社交网络舆情预警指标体系构建 [J]. 情报理论与实践，2015，38(12)：64-67.

[33]　MARTENS D，BRUYNSEELS L，BAESENS B，et al. Predicting going concern opinion with data mining[J]. Decision Support Systems，2008，45(4)：756-777.

[34]　张一文，齐佳音，方滨兴等 . 基于贝叶斯网络建模的非常规危机事件网络舆情预警研究 [J]. 图书情报工作，2012，56(02)：76-81.

[35]　王铁套，王国营，陈越 . 基于模糊综合评价法的网络舆情预警模型 [J]. 情报杂志，2012，31(06)：47-51+58.

[36]　MULDER K.The dynamics of public opinion on nuclear power. Interpreting an experiment in the Netherlands[J]. Technological Forecasting & Social Change，2012，79(8).

第 8 章

政务舆情危机的引导与干预

本章重点讲述政府对政务舆情的引导和干预。在内容上，本章首先对政府监控舆情的意义与目的进行梳理。接着基于政务舆情监控成本，探究政府引导与干预下的舆情传播最优控制原理，结合 SEIR 模型推导出舆情传播的最优控制模型。然后根据仿真建模验证模型和参数的意义，并对政府的舆情管控措施提出建议。最后分别针对舆情的链内演化和跃级演化，提出了政务舆情的引导和干预策略。

8.1 政府监控舆情的意义与目的

8.1.1 政府监控舆情的意义

当今，任何国家都会对舆情给予适当的监控和干预。有国外学者认为：为了维护国家利益和民主多元化，政府对媒体干预并营造一个多元的媒体环境是有必要性和合法性的。那么作为社会公共事务治理的主体，政府既是突发危机事件网络舆情疏导的关键主体，也天然具备了其他任何个人和组织无法比拟的资源和权威。搞好政府网络舆情监控和引导，既可压缩网络谣言的生存空间，也有利于发挥社会舆论的正能量，为及时妥善应对突发危机事件营造有利的舆论氛围。

对舆情传播的乐观看法是希望政府、媒体、公众之间理性讨论，换位思考，最终各方利益达成一致，舆情危机得以化解。然而，在现实的舆情传播过程中并不能达到理想的状态。在舆情传播过程中，非理性情绪的宣泄积累到一定程度就会引发舆情危机，甚至造成社会动荡。随着互联网的普及，互联网本身具有的特性又大幅降低了舆情传播的门槛。基于趣缘建立的社交网络、算法的精准推送也使信息茧房、群体极化等负面影响越发严重。

因此，实施政务舆情传播的引导和干预是非常有必要的，以政府约束方式进行舆情管理、监督和干预，是维护和确保突发事件舆情合理、可控的必由之路。

8.1.2 政府监控舆情的目的

政府监控舆情的目的主要包含 3 个方面：一是引导舆论理性；二是扩大信息公开程度；三是提升信息传播速度。

8.1.2.1 引导舆论理性

政务舆情在自身演化发展过程中，如果不加以监督控制，很容易朝着非理性的方向发展，其本质是由以下几个原因导致的。

1. 网民个体存在失范行为

"失范行为"这个概念源于学校的管理，凡是与教育规范不相一致、不协调甚至是冲突的行为，都是失范行为。

由于网络空间的虚拟性和匿名性、信息发布的自由性，一些网民在发表言论的时候口无遮拦，逞一时之快，仅仅为了表达主观的想法而不顾实际随意发帖。

2. 意见领袖的引导

"意见领袖"概念由拉扎斯菲尔德提出，指的是在团队中构成影响的，并能左右多数人态度倾向的少数人。他们尽管不一定是团体正式领袖，但其往往消息灵通、精通时事；或足智多谋，在某方面有出色才干；或有一定人际关系而获得大家认可，从而成为民众的意见领袖。

互联网发展到今天，越来越多的公众人物利用身份优势，借助自身强大的影响力来影响信息的传播和话语的走向，导致网络话语权在一定程度上越来越向少数人集中，话语权垄断趋势越来越明显。

3. 网络群体的极化倾向

1961 年，詹姆斯·斯托纳提出了"群体极化"概念。他认为，经过群体讨论做出的决策，通常比较保守或更加冒险。也就是说，事件在经过群体讨论后，相比单独一人做出决定，结果会被放大，会变得更激进或更保守。网络舆论群体极化方面，郭光华指出，"国内网民近年来数量急剧增加，并且呈现出群里同质化、群际异质化的特点，出现大量志同道合的网民群体，导致网络意见逐渐呈现出群体极化现象。"

综上，正是由于网民个体存在失范行为、意见领袖的引导、网络群体的极化倾向等可能造成舆情失控现象的出现与发生，加大了政府对舆情监控的困难。因此，政府在日常管理中应该加强对网民行为的规范，使民众、意见领袖认识到应该合理使用互联网表达自己的观点，提升民众识别谣言的能力，遇事做到"不信谣，不传谣"；及时监控"群体极化"现象，对高频出现的话题进行监控，及时公开信息，解答民众的质疑，防止话题走向极端。

8.1.2.2　扩大信息公开程度

政务舆情在演化发展的过程中，政府对其进行监控也是本着扩大信息公开程度的目的，其本质是由以下几个原因导致的。

1. 数字中介控制舆情，导致民意被稀释

如今的互联网环境，一旦出现舆情就不可避免地会出现"网络推手"。网络推手大多隶属于网络公关公司或网络营销公司。他们通常具有如下特征：一是熟知网络操作规则，能够制造出吸引眼球和有争议的话题，引起多数网民关注；二是善于分析网民心理，能够把普通网民吸引过来，让他们无偿地帮助自己实现一定的目的；三是拥有丰富的网络资源，他们大多数是互联网社区的活跃分子，有一定的号召力，发布的消息能迅速引起网民注意。因此，网络推手的出现使少量的意见领袖吸引了大量民众的注意，最终在从众心理的驱使下，大量不知情的民众也加入其中，混淆视听。

2. 政府顾及自身形象，封锁负面消息

舆情治理中，政府为了维持社会稳定和政治稳定，总是习惯性地封锁负面消息、控制消息的传播，或者等待事件得出结论、问题暗中解决后再来简要说明，尽可能不让民众和媒体获悉危机的内幕。

然而，随着民众民主意识的增强和现代通信技术的普及，政府几乎不可能再沿用封锁消息的方法来治理舆情了，政府如果不主动说，媒体和民众也会深挖到底，等到"被迫"说出真相的时候，政府在民众心中的形象也会大打折扣，几乎不可能恢复到之前的水平。

3. 过于程序化的处理方式

舆情发生时，个别地方政府将舆情处理当成一种任务，把单纯的舆情消散当成任务的终点，并不考虑舆情对以后的影响。大量程序化、灌输式的处理和宣传没有从本质上改变民众的片面认识，只确保"走完程序""工作开展到位"，使其在与反对一方的博弈中处于"优势地位"。

然而在互联网时代，民众不再完全接受这种过于程序化的自上而下的灌输。互联网为民众创造了全新、平等、不存在压迫的自由平台，没有强权或中心的信息空间，引起了信息从单向到交互的质变，而这也直接导致了政府旧时看似有效的工作方法的失效。

8.1.2.3　提升信息传播速度

互联网的出现扩展了民众话语权和影响力，微信、微博的出现使人人都掌握"麦克风"，每个人都可以成为一个小型的媒体。同时，随着媒体技术的发展，信息分散化、碎片化越来越明显，民众可以从多种途径获取信息。而舆情大多是突然发生的，政府的反应速度往往滞后于自媒体，无法第一时间掌握舆情动向。

此外，政务舆情反应受到行政管理体制的根本性制约，因为技术的应用无法跨越行政管理体制中的既定程序和组织原则，这种体制性障碍很难避免。

8.2　政府引导与干预下的舆情传播最优控制原理

8.2.1　政务舆情传播监控成本

政府在对舆情演化过程中进行引导和干预需要耗费大量的人、财、物等，我们将涉及的成本总结为两类，分别是资金成本和风险成本。

资金成本又包括硬件设备成本、技术研发成本和人力资源及运营维护成本。

风险成本主要受政府公信力下降的影响，具体包含以下两个方面。

第一，受传统官本位思想的影响，有些政府采取极端错误的方式封锁消息，大大限制了民众的知情权，导致信息得不到有效公开。这种方式对舆情的治理起不到任何有效的作用，反而会因为政府的拖延和隐瞒造成舆情过早爆发并引发次生舆情。

第二，政府为了快速压制舆情，用敌对的思维看待与自己不同的意见，这种行为加深了民众对政府的不信任感，加剧了民众的不良情绪。

8.2.2　最优控制下的政务舆情传播及研究假设

最优控制理论所研究的问题可以概括为对一个受控的动力学系统或运动过程，从一类允许的控制方案中找出一个最优的控制方案，使系统的运动在由某个初始状态转移到指定的目标状态的同时，其性能指标值为最优。

根据情境危机沟通理论，以危机责任为出发点，危机一般可分为"受害型"危机、"事故型"危机、"错误型"危机。其中，在"受害型"危机中，政府基本无责，而在"事故型""错误型"危机中，政府往往有一定的责任。

在舆情传播过程中，政府针对责任归因的不同可以采取不同策略：否定、支持、淡化、重构。

否定：政府对来自社会的指控直接进行回击，并提供相应的证据支撑自己的回击，否定危机的存在，指明本组织以外的责任危机第三方。

支持：对舆情进行正面回应，对有共同利益的一方进行迎合，强调与受害一方的共鸣。

淡化：寻找完全出于无法掌控的意外的借口，寻找没有或不可能造成严重损害的合理性。

重构：对事故的发生迅速道歉，补偿受害方的损失。

民众在参与突发事件舆情传播中，心理复杂、观点多元、参与行为多样，这些特征给政府恢复社会信任、及时处理突发事件带来了很大的挑战。从网络类聚行为丰富的表现形式来看，在突发事件舆情传播过程中，网络类聚在不同阶段会出现下列表现："网络舆情""人肉搜索""网络共识"。在事件演化后期又会出现"网络八卦""网络共识""网络聚会"等表现。这些类聚行为的存在极易引起网络群体事件，加大政府对网络空间管理的难度。及时发现网络集群行为的演化规律，选择合适的舆情引导方式，是政府在舆情发生之初就能采取及时有效措施的必要条件。

由上述情况可知，政府在监控舆情时既要提高公共资源运用的"性价比"，又要提高政府的决策水平，因此必须选择最优的引导与控制方式，从提高政府决策能力的横向向度和精准管控舆情周期的纵向向度两个方面进行优化。

此外，在舆情传播过程中，意见领袖对于舆情的走向也有很大的影响，意见领袖在其擅长领域所具备的知识被民众认可。所以，精准识别意见领袖，巧妙处理、运用与意见领袖的关系，是政府引导、控制舆情的重要方式和手段。政府可运用社会网络和阈值模型，从观点扩散速度和采纳者数量角度研究民众对意见领袖的选择。研究发现，若想要意见领袖对观点的扩散速度产生影响，必须建立在观点的初始采纳者数量达到一定阈值的基础上。

舆情传播的引导方法是多样的，运用动态规划、整数规划等组合优化方法可以捕获舆情传播监管中的不同关切，如分众化互联网用户的关联结果、多阶段目标的关联性及衍生危机的预防等。多目标价值建模与分析是占主导地位的组合决策技术工具，该方法在建模时对数据有很高的要求，它通过构造一个层次价值树并结合多准则决策分析过程进行系统组合方案（随机二次多背包问题）的性能度量。基于智能计算的舆情传播最优控制工具研究，多见于根据多属性权衡空间提出一种辨识鲁棒体系设计的定量概念设计方法，并提出组合鲁棒评估的多准则决策支持系统。传统的涉及多个决策者的组合决策分析问题，大多仅从技术角度展开分析，对于舆情事件多方决策信息也只是进行加权聚合处理。它通过多标准组合建模，制定共享行动议程组合决策方案设计，有意回避了组合决策分析问题的社会因素，这也是政府合理引导舆情传播所必须解决的复杂难题。

因此，我们提出假设：政府根据舆情反应理性选择舆情传播引导工具。出于对有效遏制负面舆论的考量，为引导舆情健康发展，政府根据突发事件的潜在风险水平，有针对性地使用不同类型的引导策略，从而实现对舆情的最优控制。政府引导舆情的工具主要包括官方媒体发布、信息媒体管理、风险沟通、信息封锁、关键词屏蔽、大数据并行处理和智能计算技术支持等。

8.3　政府引导与干预下的舆情传播最优控制模型

8.3.1　政务舆情传播 SEIR 模型数理推导

8.3.1.1　SEIR 模型概述

在生活中，传染病是对生命构成威胁的重要因素之一，长期以来被世界各国关注。我们并不能做真实的传染病传播实验来获取真实的实验数据，所以，我们只能依据传染病的传播机理得到传染病模型。对模型进行一系列研究，能从宏观上描述传染病的传播过程。

SEIR 模型是传染病研究领域的基本数学模型，它主要研究传染病的传播速度、空间范围、传播途径、动力学机理等问题，以指导对传染病的有效预防和控制。在 SEIR 模型中，一般把传染病流行范围内的人群分成如下几类。

S 类，易感者（Susceptible），指未得病者，但缺乏免疫能力，与感染者接触后容易受到感染。

E 类，暴露者（Exposed），指接触过感染者，但暂无能力传染给其他人的人，对潜伏期长的传染病适用。

I 类，感病者（Infectious），指染上传染病的人，可以传播给 S 类成员，将其变为 E 类或 I 类成员。

R 类，康复者（Removed），指被隔离或因病愈而具有免疫力的人。若免疫期有限，R 类成员可以重新变为 S 类。

类似的，研究舆情传播时，民众也处于四种状态：易感者 S，表示未接收到舆情信息的民众；潜伏者 E，表示已经知道了舆情信息，但尚未决定是否传播的民众；传播者 I，表示已经知道了舆情信息并且开始传播的民众；免疫者 R，表示已经知道舆情信息，但没有兴趣进行传播的民众。由于 SEIR 模型适用于感染者获得免疫能力后将不会被再次感染，从而避免了感染或死亡发生的情况，符合本节重点：政务舆情传播最优引导目标。

8.3.1.2　SEIR 模型推导

SEIR 模型相关参数定义见表 8-1。

表 8-1　SEIR 模型相关参数定义

参数	参数说明	参数定义
Λ	移入率	自然状态下网民随事件的输入率
μ	自然消亡率	自然状态下网民对舆情事件淡忘并退出网络平台的概率
β	扩散率	单位时间内 S 接触谣言舆情转化成 E 的概率
$\theta\alpha$	传播率	单位时间内 E 转化成 I 的概率
$(1-\theta)\alpha$	主动免疫率	不相信谣言舆情或因其他原因而直接由 E 移入 R 的概率
λ	免疫率	I 转化为 R 的概率
γ	重复感染率	R 由于后续事件影响再转化为 I 的概率

根据经典舆情传播 SEIR 模型，本节假设舆情在一个总人数为 N 的互联网社区中传播。根据模型设定，舆情事件发生后，社区人口会出现一定的动态波动。在任意单位时刻 t，$S(t)$、$E(t)$、$I(t)$、$R(t)$ 均为连续可微的函数，并且满足：$S(t)+E(t)+I(t)+R(t)=1$，当时间 $t \to \infty$，社区总用户人数 $N \to \dfrac{\Lambda}{\mu}$（见图 8-1）。

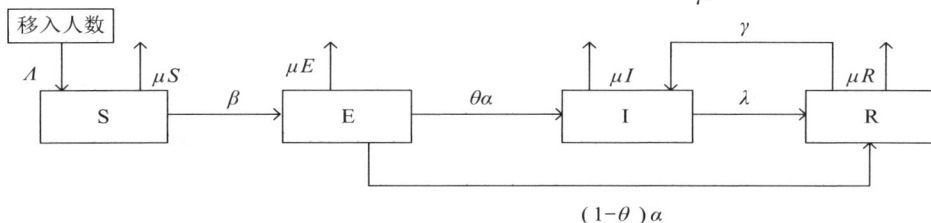

图 8-1　SEIR 示意图

不同类型的互联网用户之间的转换和传输网络的速度分布存在着时间相依的关系，在一个特定时间内符合幂律分布。根据系统动力学及平均场理论，即分众化各类型互联网用户在系统中或演化过程中的分布都是均匀的，因此构建微分方程如下。

$$\frac{\mathrm{d}S}{\mathrm{d}t} = \frac{\Lambda}{\mu N} - \beta SI - \mu S$$

$$\frac{\mathrm{d}E}{\mathrm{d}t} = \beta SI - \alpha E - \mu E$$

$$\frac{\mathrm{d}I}{\mathrm{d}t} = \theta \alpha E - \lambda (I + R)I + \gamma I - \mu I$$

$$\frac{\mathrm{d}R}{\mathrm{d}t} = (1 - \theta)\alpha E + \lambda (I + R)I - \gamma I - \mu R$$

本模型中假设所有参数 Λ、α、β、μ、θ、λ、γ 等均为非负变量，θ 满足 $0 \leqslant \theta \leqslant 1$，以保证模型中的数据符合现实。社区总人口 N 满足如下条件。

$$\frac{\mathrm{d}N}{\mathrm{d}t} = \Lambda - \mu (S + E + I + R) = \Lambda - \mu N$$

8.3.2　舆情传播阈值 R_0 与先验估计

每个舆情传播都存在一个再生系数 R_0，其数学值为频谱半径 $p(FV^{-1})$，该数据反映舆情传播平均时期，被感染者的人数。分段互联网用户的节点 S、E、I 的算法可由上述微分方程的解得出：

$$S = \frac{\Lambda}{\mu N} - (1 + \alpha)E$$

$$E = \frac{\beta \theta \alpha \dfrac{\Lambda}{\mu N} - \lambda (1 + \alpha)\left(1 - \dfrac{\Lambda}{\mu N}\right) + (1 + \alpha)(1 - \gamma)}{(\lambda + \beta \theta)(1 + \alpha)\alpha}$$

$$I = \frac{\theta \alpha E}{\lambda (1 - S - E) + (1 - \gamma)} = \frac{\theta \alpha E}{\lambda \left(1 - \dfrac{\Lambda}{\mu N} + \alpha E\right) + (1 - \gamma)}$$

然后，在单位时间 $t \to \infty$ 时，对上述方程式求解，通过计算其雅可比矩阵的解，得出分众化互联网用户节点 R 的数学式，及方程组基本再生系数 R_0 的算式。

$$R_0 = p\left(FV^{-1}\right) = \frac{\theta \alpha \beta}{(1 + \alpha)(1 - \gamma)}$$

当 $R_0 > 1$ 时，系统中存在唯一的非零平衡点，舆情会进一步传播。

当 $R_0 < 1$ 时，系统将处于逐渐稳定状态，舆情趋于稳定下降趋势并逐渐平息。

8.3.3 基于最大值理论的政府调控社会效益最佳函数

未来社会中政务舆情治理的侧重点是由网络舆情产生的社会危机。可以肯定，政府在网络舆情治理中的作用非常重要。前文提到，在 $t \to \infty$ 时，借用网络舆情分众化节点算法探讨了零平衡解的演化状态，进而根据庞特里亚金的最优控制理论，构建网络舆情的政府最优引导模型，用于研究政府做出的使网络舆情平息的左右策略。

SEIR 模型中，参数 m_1、m_2 分别是政府对于整个舆情传播过程中应急控制与处置的控制变量。政府应急调控主要由两个群体进行引导与控制，分别为潜伏者和传播者。m_1 表示政府引导调控处于潜伏期的民众，主要以开展教育和公开信息的方式，使不明真相的民众了解或掌握真实信息，获得一定程度的"免疫"，而不是随着时间的演化被同化成传播者；m_2 则表示政府控制调控负面信息传播者，主要包括斩断谣言传播途径和要求造谣者进行公开声明等，以引导潜伏者转化为免疫者或减少传播者数量，进而对舆情危机实现有效的控制（见图 8-2）。

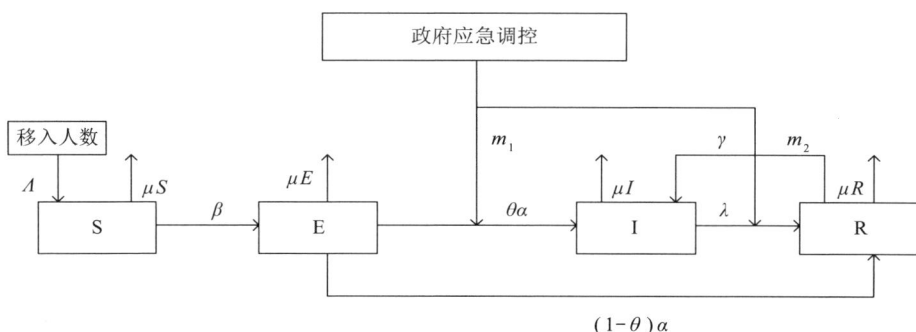

图 8-2　政府调控下的 SEIR 网络舆情传播过程示意图

基于政府引导的舆情传播微分方程数学建模如下。

$$\frac{\mathrm{d}S}{\mathrm{d}t} = \frac{\Lambda}{\mu N} - \beta SI - S$$

$$\frac{\mathrm{d}E}{\mathrm{d}t} = \beta SI - \theta \alpha E - m_1 (1-\theta) \alpha E - E$$

$$\frac{\mathrm{d}I}{\mathrm{d}t} = \theta\alpha E - \lambda(I+R)I + (1+m_2)\gamma I - I$$

$$\frac{\mathrm{d}R}{\mathrm{d}t} = m_1(1-\theta)\alpha E + \lambda(I+R)I - (1+m_2)\gamma I - R$$

通过进一步的深入分析与研究，本节可从三个角度考虑基于政府引导下的舆情传播所产生的社会效用问题。一是尽量使易感者 S 与免疫者 R 人群数量最大；二是尽可能促使传播者 I 人群数量最小；三是尽可能将传播过程中政府的调控成本降到最低。为此，构建最大化社会效用目标函数。

$$\max W(m_1,m_2) = \int_{t_0}^{t_1} [A_1(S(t)+R(t)) - A_2 I(t) - A_3(m_1^2+m_2^2)]\mathrm{d}t$$

上面的目标函数中，A_1、A_2、A_3 分别代表非感染类民众（易感者 S 和免疫者 R）、感染类民众（传播者 I）、民众及政府调控变量（m_1、m_2）的权重系数，也即在时间 t 的范围内不同变量之间的平衡系数。把所有社会效用转化为以政府调控强度为目标的函数，设 m_1^*、m_2^* 分别为最大化的政府调控强度，即最优控制，此时其对系统影响最大。

最优控制 m_1^*、m_2^* 由以下方程确定。

$$W(m_1^*,m_2^*) = \max\{W(m_1,m_2)\,|\,m_1,m_2 \in U\}$$

式中，

$$U = \{(m_1,m_2)\,|\,0 \leq m_1 \leq 1, 0 \leq m_2 \leq 1, t \in [t_0,t_1]\}$$

为实现集合控制，将 m_1^*、m_2^* 作为可测变量，时间 $t \in [t_0,t_1]$。易证，在公共网络舆情事件的传播微分方程限制下，该微分方程存在政府最优控制强度 m_1^*、m_2^*，同时利用庞特里亚金最大值原理，通过构建拉格朗日函数，得到最优控制变量的解。最优控制变量 m_1^*、m_2^* 的算法如下。

$$m_1^* = \frac{(P_4-P_2)(1-\theta)\alpha E}{2A_3},$$

$$m_2^* = \frac{(P_4-P_3)\gamma I}{2A_3}$$

其中，P_4 为协态变量，反映系统动态边际效用；P_2、P_3 分别为状态方程中 m_1、m_2 的系数，P_2 反映 m_1 对易染者的影响效率，P_3 反映 m_2 对传播者的影响效率。

8.4　政务舆情的引导和干预策略研究

8.4.1　基于链内演化的政务舆情引导和干预策略

8.4.1.1　政务舆情生成阶段的引导策略

1. 针对爆料者的舆情引导策略

爆料者处于整个政务舆情信息生态链的起始节点。爆料内容的选择性，一方面会对整个信息生态链上的其他节点产生连锁式反应，一方面会对舆情的演化和政府的舆情引导造成影响。

政府作为信息分解者，应建立民众信息发布机制和信息审核机制。国家应尽快制定民众发布信息内容的标准和规范，并对爆料者发布的信息进行审核。确保在真实有效的情况下，爆料信息既能满足广大普通民众的利益，又能满足国家的利益。

媒体作为信息的传递者，在报道信息之前，应做好信息的审核工作。新媒体在对事件进行报道时，应建立"把关人制度"，力争做到先审核后报道。传统媒体，由于其官方性和权威性，导致其在事件网络舆情的初级阶段不能及时跟进相关报道和及时回应。传统媒体应积极与新媒体开展合作，开设新媒体账号，将新媒体报道形式的灵活性与传统媒体报道信息的规范性、权威性、真实性的特点相结合。除了向传统媒体爆料，爆料者往往会将信息发布在新媒体平台上。新媒体平台要加强对用户发布信息的监管，及时删除不良信息，切断不良信息传播的源头。

普通民众作为舆情信息的接收者，要努力提升自身素养和对信息真实性的判断能力，减少对不良信息的吸收、消费。政府可在普通民众中培育意见领袖，引导大家远离不良的舆情信息，保证舆情信息环境的健康。

2. 针对媒体的舆情引导策略

提高新媒体行业的准入机制和标准。新媒体是随着互联网而兴起的新兴行业，相关的准入机制和标准还未完善，新媒体行业准入门槛相对较低，给内容监管带来困难。新媒体管理同样要借鉴传统媒体的相关准入机制和标准，向主管部门申请报备。

提高新媒体从业人员的职业素养。一方面，新媒体要积极提高媒体专业素养，提升新闻核实、采编、报道的能力；另一方面，要加强对新媒体人员的从业资格认证。新媒体要发挥网络优势，设置把关人，积极培养自己的新闻爆料人和意见领袖。新媒体要树立品牌效应，增强自己的权威性和公信力，努力建立和完善舆情监测和科学引导体系。传统媒体要通过与新媒体的合作或开设新媒体账号等形式，积极寻找政务舆情生成阶段的报道入口。

3. 针对普通民众的舆情引导策略

提升民众的信息素养。信息素养是在拥有信息意识、信息知识、信息道德的基础上，能够运用信息工具获取、处理、表达、分析、创造新的信息的一种综合能力。民众的信息素养能够影响他们对政务舆情事件的认知、理解、判断能力，进而影响行为。信息素养的提升有助于民众理性、科学地看待政务舆情事件和由这些事件引发的舆情，使民众的行为不容易受到网络谣言、群体极化等因素的干扰。

提升民众的媒介素养。媒介素养教育就是培养民众对各种媒介信息的解读、批评能力，以及使用媒介信息为个人生活、社会发展服务的能力。其最终目的是培养出具有较强批判能力、能独立思考媒介信息的优质公民。提升民众的媒介素养，一方面能够指导民众合理地使用媒介工具，表达和传播自己的舆情诉求，另一方面能够提升其对媒介传播舆情的判断能力和解读能力。媒介素养的提升能够帮助民众了解大众传播规律，以至于不会被媒体特意渲染、放大的舆情报道刺激。

提升民众的心理素养。对民众进行心理培训和指导，帮助他们调整面对突发事件时的心态并疏导情绪。因为舆情的实质是一种情绪的表达和排解，所以我们更应从心理学方面引导民众积极地看待政务舆情事件，排解和疏导消极的心理情绪，避免部分民众在消极心理情绪的影响下产生网络暴力等不理性行为。

8.4.1.2 政务舆情扩散阶段的引导策略

1. 针对网络集群行为的舆情引导策略

加强对意见领袖的认定和培养工作。发挥意见领袖的作用，进行议程设置，合理引导社会动员。在普通民众中正确识别和培养意见领袖，发挥意见领袖的积极作用，如积极疏导民众情绪，使民众行为由非理性走向理性。

不断地建立和完善舆情相关的法律制度，规范意见领袖和普通民众参与舆情讨论的行为规范。除此之外，还应与媒体讨论议程设置，将其限定于讨论公众合法环境权益的诉求，以保证和平协商的可能性。

积极营造良好的社会环境和文化环境，减少价值累加等诱因的发生。改善社会环境，减少结构性诱因，突发事件的背后必有其深刻的社会根源和社会矛盾，政务舆情的形成过程就是一个群体集聚的过程。因此，政府更应当积极解决诱发集群行为的社会问题和社会矛盾，改善社会环境中引起集群行为的结构性诱因；积极解决舆情事件，严控触发因素；积极解决和分流政务舆情中可能诱发集群行为的导火索事件，减缓集群行为的形成。

营造良好的文化氛围，提高民众的认知能力，缓解非理性情绪，减少结构性紧张。民众在社会矛盾、社会冲突等环境的刺激下会产生非理性的情绪。这种非理性情绪的产生，受到群体认知水平和能力的影响。民众对相关矛盾、冲突等环境的认知越趋于理性，受刺激而产生的非理性情绪越少。

信息及时公开，杜绝谣言，防止形成非理性的一般信念。积极开拓普通民众参与舆情的途径，及时做好民众舆情参与的分流和疏导工作，预防群体和群体观点的集群行为。

进行全方位的危机管控，防止事态升级。对可能发生的群体行为进行严密监视，制定危机应急预案，合理满足舆情群体的利益诉求。

2．针对非理性舆情涌现的舆情引导策略

发挥传统媒体事件证实、二次报道、深度挖掘的作用。在自身技术特点的影响下，传统媒体大多在舆情的扩散阶段才开始对舆情事件进行传播和报道。传统媒体的官方性和权威性导致他们肩负着唤醒社会责任意识、构建社会理性精神的重任。传统媒体在进行二次报道前应当核实政务舆情事件信息来源的准确性和正确性。电视、广播、报纸等传统媒体，应当通过开辟专栏、邀请专家评论、发表社评等形式对政务舆情事件进行深度报道和挖掘，旨在揭示更多的真实信息，并以广而告之的形式传递给民众，使非理性舆情信息失去生存空间。

发挥政府议程设置和网络议程设置的作用。在网络平台设置把关人，将在网络平台上流传的虚假和谣言信息过滤和删除，控制网络话语权。传统媒体将政府披露的真实信息，以网络传播和议程设置的方式传递给普通民众，帮助民众辨别非理性舆情信息，减少网络暴力的滋生和网络谣言的传播。

发挥意见领袖和网络推手的积极作用。两级传播理论是指信息从大众媒介到民众经过了两个阶段，首先从大众媒介到意见领袖，然后从意见领袖传播到社会民众。根据两级传播理论可知，意见领袖是连接大众媒介和民众的纽带。大众媒介将来自政府和传统媒体的真实信息传递给意见领袖，利用其声誉和威望，引导身边的普通民众远离非理性舆情信息。网络推手是优秀的网络推广和策划师。政府应当发挥其积极作用，策划和推广公益的、正能量的、理性的舆情信息。由于其推广形式的商业性，效果往往非常好。

政府应加大对新媒体的经济和政治支持，建立和完善相关的法律法规，规范舆情演化中爆料者、普通民众、大众媒体、网络推手、意见领袖的舆情参与行为。新媒体为了能够在有限的资源环境中生存和竞争下去，为了吸引更多的关注和点击量，常常会对突发的政府管理舆情事件进行渲染和夸大报道。政府如果可以加大对新媒体的政治和经济支持，将会对新媒体的理性报道产生积极的影响。

3．针对话语权争夺的舆情引导理论

共情理论强调，医生应当站在患者的角度设身处地地思考和解决患者的问题。心理医生和患者的关系与政府和民众的关系一致，都是为了解决患者（民众）的情绪问题。政府舆情管理主体如果能够站在不同的公众群体角度考虑社会事务及其对他们的影响，与他们沟通，不仅能很好地缓解、疏导他们的负面情绪，鼓励、激扬他们的正面情绪，使舆情态势向良好的方向发展，还能真正发现政府治理中的疏漏，从而纠正自身的失误，实现良好的政府治理。

8.4.1.3　政务舆情回落阶段的引导策略

1．提高政府舆情危机意识的舆情引导策略

政府应当对处理舆情事件的官员进行舆情危机管理方面的培训，使官员明白舆情的积极作用和消极作用，以及舆情危机给政府带来的利弊，使政府能够正确看待舆情危机。史蒂文·芬克认为：危机管理是指组织对所有危机发生因素的预测、分析、防范、化解等而采取的各种管理行动。所以在危机管理理论的指导下，建立和完善舆情的监测和预警机制对于提高政府的舆情应对能力，解决治理问题，十分有必要。

2．提高政府适度反应能力的舆情引导策略

英国危机公关专家里杰斯特认为，危机管理应该遵循 3T 原则：在政府的主导下发布信息（tell you own tale）；政府需尽快提供信息（tell it fast）；提供全部信息（tell it all）。政府应该将国家利益与危机受害人的利益相结合，制定全面、真实、有效、权威、能够获得反馈的舆情引导策略。制定该策略，政府应该遵循以下 5 条原则：承担责任、真诚沟通、速度第一、系统运行和权威证实。善治理论认为，政府的舆情引导需要政府与民众进行积极合作，协同引导，从而实现从"单一引导"向"统筹引导"转变、从"政府主导"向"多元参与"转变、从"外部控制"模式向"科学疏导"模式转变。

政府对政务舆情的引导，应该从舆情的预防开始。政府应在舆情演化的形成阶段，做好舆情的监测和预警工作；在舆情演化的扩散阶段应该积极应对，勇于承担责任，及时与民众沟通，对舆情进行回应，把握舆情引导的最佳时机。在舆情演化的回落阶段，政府的舆情引导措施要符合民众的根本利益诉求，做到公平、公正、及时、权威，并与民众和媒体做好信息交流和信息反馈。

3. 防止舆情出现反弹的引导策略

拓宽政府与民众间的信息交流渠道，推动政府舆情引导措施的实施和民众满意度的反馈。政府和民众的信息交流不能仅依靠媒体的监督和信息传递。政府应派驻专门的人员，与事件当事人进行交流和沟通，随时掌握舆情引导措施的实施效果和民众的满意度情况，了解民众心理和需求的变化，及时调整舆情引导措施。政府应加强对舆情引导措施的解读，排解民众针对舆情引导措施产生的各种疑惑，最终实现舆情事件的完美解决，平息舆情。

政府在解决舆情事件的时候不能仅围绕解决舆情事件本身入手，应该深入挖掘舆情背后的社会矛盾和社会根源。在解决突发事件本身问题的同时，通过制度层面解决突发事件背后隐藏的社会矛盾和社会问题，防止因事件解决不彻底而留下舆情长尾效应，为舆情反弹埋下隐患。

8.4.2　基于跃级演化的政务舆情引导与干预策略

8.4.2.1　实行前置管理的引导策略

前置管理理论来源于危机管理理论，危机管理理论将政府对危机的管理分为事前危机管理、事中危机管理和事后危机管理。前置管理，是为了实现"以人为本、安宁有序"的和谐社会目标，政府在社会管理过程中将危机管理的重点由事中危机管理前移至事前危机管理，由处置危机事件变为防止危机事件发生，由事后危机管理变为事前预防的管理过程。在政务舆情的跃级演化过程中，融入前置管理策略的目的是通过政府实施跃级管理措施，规范政府的舆情引导行为，减缓或尽量避免舆情跃级演化过程中停滞和倒退现象的出现，防止诱发舆情的二次高涨和次生舆情出现。政府可通过前置管理，有效促进舆情演化尽快由低级跃级到高级，减少舆情给社会带来的危害，快速实现舆情信息生态系统的建设和社会的和谐。

首先，政府要树立舆情引导的大局观，对舆情演化的发展态势做到心中有数，从全局的角度进行舆情引导。政府要对舆情跃级演化过程中可能诱发舆情演化停滞或倒退的因素做好监测和预警工作，提前做好应急预案。当舆情演化过程停滞和倒退现象发生时，政府不能惧怕和逃避，更不能仓促地回应和随意地进行舆情引导。政府应沉着应对，根据事态的发展，有理、有据、有节地提出舆情引导策略，逐步扫除舆情跃级演化过程中导致舆情演化停滞和后退的因素。

其次，政府要不断提高舆情危机处理能力。在很多情况下，舆情跃级演化过程中停滞或倒退现象的出现，是由于政府在舆情危机处理的过程中，舆情回应滞后且缺乏技巧、舆情措施不具针对性且不能满足民众的利益等原因造成的。所以政府应积极地与民众进行交流互动，了解社情民意；积极学习舆情引导和危机管理知识，努力提升舆情危机处理能力；在制定和实施舆情引导措施时，应考虑多方利益，提前对舆情引导措施潜在的不满意方进行安抚和政策疏导，确保舆情引导措施的顺利实施。

总之，政府应当通过前置引导策略提升舆情危机管理能力，规范政府的舆情引导行为，尽量减少舆情演化停滞或倒退现象的发生，促进舆情演化的跃级，实现舆情信息生态系统的平衡和社会的和谐发展。

8.4.2.2　提高智库建设的引导策略

根据上海社会科学院智库研究中心 2014 年 2 月发布的《2013 年中国智库报告》，智库又称智囊团，它主要是指将各学科专家学者的智慧和才能聚集起来，通过研究公共政策、参与政府决策，履行社会责任并实现公共利益，为社会经济等领域的发展提供满意方案的专业研究机构。本节在上述定义的基础上，对舆情智库的定义进行了延伸和扩展。我们认为，舆情智库的定义应该包含舆情智囊团和政务舆情事件管理库两方面的内容。一是舆情智囊团：将舆情引导领域的专家、学者的才能和智慧汇聚起来，为政府舆情引导政策和实施策略提供科学指导和参考咨询服务的机构。二是政务舆情事件管理库：记录每次舆情事件和政府舆情应对政策、措施和经验，为下次舆情事件的发生和政府处理舆情事件提供参考的系统库。

在当前的社会环境下，政务舆情对社会造成的影响日渐增加，给政府的社会治理工作带来严峻的挑战。但是我国舆情智库的建设和发展刚刚起步，所以政府更要加强智库的建设。一是增强舆情智囊团的建设，推进官方舆情智库建设的同时，也鼓励非官方舆情智库的发展，旨在为政府舆情引导中遇到的问题提供多元化的智力支持和参考咨询。二是要积极建设政务舆情事件管理库，将每次事件和政府在应对事件时采取的政策和措施都记录在案，并汇总整理和分析，为下次舆情的应对策略提供参考。

8.5 小结

首先，本章讨论了政府监控舆情的意义。我们认为政府针对政务舆情进行监控，主要有 3 个目的：一是引导舆论理性，二是扩大信息公开程度，三是提升信息传播速度。

其次，本章探究了政府引导与干预下的舆情传播最优控制原理。我们列举了政务舆情传播的监控成本。然后，我们根据舆情风险类型、民众行为特点、传播要素特点及引导方法，提出了政府进行舆情优化的假设。

然后，本章讨论了政府引导与干预下的舆情传播最优控制模型。我们根据传染病的传播特点构造了政务舆情传播的 SEIR 模型，并根据微分方程计算出政务舆情传播的再生系数阈值 R_0：当 R_0 大于 1 时，系统中存在唯一的非零平衡点，舆情会进一步被传播；反之，当 R_0 小于 1 时，系统将处于逐渐稳定状态，舆情将有稳定下降的趋势，并逐渐平息。在此基础上，我们引入了 m_1 和 m_2 两个变量，m_1 反映政府对潜伏期民众的引导和调控，m_2 反映政府对负面信息传播者的控制，并从三个角度考虑基于政府引导下的舆情传播所产生的社会效用问题，最终构建出社会效用最大化的目标函数。

最后，本章探究了政务舆情引导和干预策略。实施政务舆情传播的引导和干预是十分必要的，以政府约束的方式进行政务舆情管理、监督和干预，有利于维护和确保突发的政务舆情事件处于合理、可控的范围之内。

本章参考文献

[1]　张义凤. 我国贫富差距问题探析 [D]. 济南: 山东大学, 2011.

[2]　马健业. 网络群体极化引发的道德风险与防控研究 [D]. 杭州: 杭州电子
科技大学, 2019.

[3]　谭九生, 邓利珠. 网络推手对国家政治安全的消极影响及整体性治理 [J].
湖南财政经济学院学报, 2015, 31(01): 146-153.

[4]　欧栋耀. 公安形象危机处置方法探讨 [J]. 福建公安高等专科学校学报,
2007(06): 12-15.

[5]　史安斌, 邱伟怡. 社交媒体时代政府部门的危机传播与情感引导 —— 以
深圳滑坡事故为例 [J]. 现代传播（中国传媒大学学报）, 2018, 40(04):
34-41.

[6]　TANG ZHI-WEI, DU FEI, JIANG PING. An Empirical Study on Temporal
Evolution Rule of Network Clustering Behavior[J]. International Journal of
Information Systems for Crisis Response and Management (IJISCRAM),
2016, 8(4).

[7]　丁香桃. 自媒体时代公共管理的挑战与机遇 —— 政府信任的视角 [J].
管理世界, 2017, 291(12): 180-181.

[8]　YC A, JH B, DL B. Identification of effective opinion leaders in the diffusion
of technological innovation: A social network approach[J]. Technological
Forecasting and Social Change, 2012, 79(1): 97-106.

[9]　刘科呈. 基于网络舆情分众化传播的政府策略引导 [D]. 长沙: 湖南农业
大学, 2019.

[10]　SAMSUZZOHA M, SINGH M, LUCY D. Uncertainty and sensitivity
analysis of the basic reproduction number of a vaccinated epidemic model
of influenza[J]. Applied Mathematical Modelling, 2013, 37(3): 903-915.

[11]　杜洪涛, 孟庆国, 王君泽. 基于社会网络分析的微博社区网络结构及传
播特性研究 [J]. 情报学报, 2016, 35(08): 838-847.

[12]　王超, 杨旭颖, 徐珂, 马建峰. 基于 SEIR 的社交网络信息传播模型 [J].
电子学报, 2014, 42(11): 2325-2330.

[13]　邹凯, 左珊, 陈旸, 蒋知义. 基于网络舆情的政府信息服务公众满意度

评价研究 [J]. 情报科学，2016，34(02)：45-49.

[14]　刘鹏瑞 . 突发事件网络舆情的演化机理及引导策略研究 [D]. 哈尔滨：黑龙江大学，2018.

第三篇　实践篇

第 9 章

科技创新舆情

舆论对科技创新的关注度一直呈现较高的热情，特别是伴随着近些年国家新一代移动通信技术、互联网技术、人工智能的发展，国家的科技实力不断增强。另外，我国在关键核心技术方面也还存在着短板，科技创新舆情除对科技本身的讨论外，对社会伦理、社会安全也具有重要影响。本章主要对科技创新舆情的内涵与特征及治理机制进行梳理。

9.1　科技创新舆情的内涵与特征

9.1.1　科技创新舆情的内涵

数字化、网络化、智能化所标志的技术革命日新月异，而网络也越来越成为新技术驱动经济发展的基础动力。网络等信息化技术手段的普遍使用带来了信息的爆炸性增加。由于社会互动内容与形式的多样化，科学技术交流已越来越有效、简单和有趣，泛在、精准、互动的科普服务已经变成了现实。利用搜索引擎获取科技资讯和解决方案，已成为越来越多的互联网使用者的主动和主要选择。另外，中国技术力量也在国家博弈中占有关键位置，如当前"在线办公""云上教育""远程问诊""直播带货""无接触配送"等新技术的开发已切实地为民众的日常生活提供了便捷。但是，中国在技术上也存在着短板，民众对科技相关的问题的关注度也不断提升。科技创新舆情是指民众在互联网上对科技议题相关的事件发表各种观点而形成的舆论态势，蕴含着民众对科学的认知和态度。

民众对新技术、新产品和新发现感兴趣，他们会表达自己的意见、疑虑、期望和评价。科技创新舆情既反映了民众对科技领域的关注程度和态度，也反映了科技对社会、经济和文化的影响。当一项创新科技具有重大潜力或可能带来深远影响时，这常常会引发持续的舆论和讨论。民众会讨论其优点、缺点、伦理问题、政策问题等。同时，科技创新舆情还涉及科技信息的传播和解读。媒体、专家和民众通过新闻报道、社交媒体和其他渠道传播和解读科技创新的信息。不同的观点、解读和评价会影响民众对科技创新的看法和态度。同时，政府、科技公司、专家和民众之间可能存在不同的利益诉求和意见分歧。这些会在舆论中得到反映，其中包括经济利益、知识产权、隐私保护、安全问题等。

9.1.2　科技创新舆情的特征

科技创新舆情领域较其他领域更具复杂性。科学知识普遍存在专业化、精深化、前沿化的特点，一般情况下，除了相应研究领域的科学家及少数站在知识金字塔尖端的具有高知识水平的精英人群，普通民众是无法理解实验室科学的，他们需要由掌握专业科学知识的科研人员或新闻记者进行科学普及活动以获得科学新知。民众会通过电视、微博、微信等多个渠道获取争议性科技的信息，基于这些信息建立对争议性科技的认知。这种认知有可能是全面的，也有可能是片面的。

科技创新舆情面临认知的冲突性。源于各自立场的不同，以及利益目标的不一致，民众注定无法像科学家一样思考问题。例如，当下民众对诸如基因工程、工业污染、核能危害等科技议题的关注度日渐增加，鉴于这些科学技术可能给社会带来高风险，民众对自身的安全产生了深深的忧虑，民众对科学的态度也因而变得更加矛盾。此外，由于社交媒体上的个人信息占大多数，且大多数信息是由个人原创或转发的，这些信息的真伪没有经过严格的筛查，社交媒体上的部分信息与真实情况存在一定的偏差，加剧了科技创新舆情的治理困境。

科技创新舆情关乎社会安全。在争议性科技事件中，民众的担忧可能会体现在对争议性科技的风险是否威胁自我的生存环境或生命安全的担心，也可能体现在对社会稳定和伦理秩序的担心。此外，伪科学创新也成为当前科技创新舆情的一个方面。与科学传播相比，伪科学传播则相对容易。面对暂时不能被满足的现实需要及强烈的情感需求，民众很自然地倾向于尝试各种不同的认知体系，以寻求帮助。信息从产生、传播，到接收，任何环节的纰漏都会导致伪科学信息的传播，致使受众异化。从宏观层面上看，社会蓬勃发展中，科学文化传播环境及传播制度与法治建设的缺失是受众异化的主要原因之一。从微观层面上看，媒体"把关"意识弱化、专业能力不足，受众的现实需求、科学文化素养较低等同样为伪科学的传播提供了温床。

科技创新舆情受民众认知偏差影响大。大量西方社会的风险传播研究表明，一个人对特定科技的了解水平，其实很难与人们对这种技术的风险感知有稳定的正向或负向关联性。究其原因，一是所谓的"不可知效应"，民众认为争议性科技及其各种产品围绕着大量的不可知因素，这些不可知因素是否会影响有关安全检测的结果。这种疑问在中国民众有关转基因产品的网络讨论和留言中有所反映。二是动机性推理，民众所具有的知识并不能直接决定他们对争议性科技的态度，他们是基于某些优先关注或其习惯性采用的判断逻辑，来选择性吸收有关信息并进行判断的。根据这种理论，在民众形成对争议性科技的态度时，不同性质的信息将起到不同的作用。另外，对于知识和态度，有时不同的社会文化，即系统层面的变量也会导致两者之间关系的不一致，这也间接体现了信任或价值在知识与态度的关系中的重要性。克雷森斯研究发现，在关于科技的决策中，欧洲大多数人偏爱风险收益分析（53%），这超过了对道德和伦理问题的考虑（33%）。当然，也有其他研究认为，其实美国人更偏好风险收益分析，而欧洲人更看重道德和伦理问题。这也说明，对科学的一般态度和对特定科技的态度是两回事，科技对于民众而言绝非中性。民众对一项技术风险大小的判断由他们的知识、信任、价值、情感等各种因素的互动来决定。

9.2 科技创新舆情的治理机制

把关媒体报道，提升传媒素养。从媒体传播角度来说，大众媒体掌握着信息的传播渠道及话语权。争议性科技议题通常都是各个科技领域的前沿议题，民众所接受的义务教育，通常不会深入涉及这些领域。民众对于争议性科技议题的理解，几乎全是通过媒体得到的，因此，媒体的报道方式会在很大程度上直接影响民众对争议性科技议题的认知和态度。然而媒体的部分科学报道不仅有事实上的差错，更是涉及传播的思想性误导，促进了受众异化。因此，媒体科学、正确地报道是科技创新舆情治理中的首要因素。

开放信息获取渠道，进一步提升民众科学素养。个体长期处于某种社会文化环境，会形成先入为主的与该社会文化环境相适应的价值观，这种先验的价值观，既可能直接影响民众对某项争议性科技议题的态度，也可能通过间接的方式，对民众的态度进行潜移默化的影响。民众总是倾向于耗费最小的能量和最少的认知资源来做出决定，这就使他们通常只会最小限度地收集关于某项争议性科技的信息，然后基于先入为主的价值观做出决定，形成对这项争议性科技的态度。同时，这种价值观的影响力，通常对一些特定的争议性科技的作用比较明显，而对另外一些类型的争议性科技不明显，这取决于民众对不同类型的争议性科技所涉及的伦理和道德问题的重视程度。民众的科学素养是一个非常重要的因素。科学素养是指民众对科学知识的了解程度，包括对科学的本质、目标和一般局限的认识，以及对科学思想和方法的理解和认同。例如"缺失模型"，这一模型认为民众对科学的负面看法源于其科学知识的缺乏。因此，解决问题的关键在于向民众提供充足的信息。

完善管理体系，加强市场监管。科学传播活动的组织化、制度化，可以有效遏制负面科技舆情的蔓延，这依赖于社会各层民众的共同努力。然而在信息的制作与传播过程中，受市场化、商品化经济的制约，不可避免地会出现"功利性""利益化"倾向。

在新媒体环境下，还需依托科技助推科技创新舆情科学治理，通过运用先进的技术手段，我们可以拓宽舆情信息采集的渠道，丰富采集方法，扩大采集范围，增加信息储备。在这个过程中，尤其要关注那些深层次的、具有预警性的信息。数据挖掘、云计算、人工智能等科技手段，可以对大数据进行深度分析，挖掘出其中的模式和规律，为决策提供科学依据。例如，分析用户的购买行为、浏览记录等，可以预测用户的消费趋势和偏好，从而优化商品推荐策略。

运用大数据分析技术和可视化手段可以使科技创新舆情分析更为全面。传统的舆情分析往往只关注片面的数据，无法全面了解科技创新的发展趋势和影响因素。而大数据分析技术，可以将各种数据源进行整合和挖掘，从而获得更全面的信息。

依托信息化建设，我们可以建立健全一个以信息为主导、反应敏捷的网络舆情预警、治理和修复机制。这样的机制有助于我们及时发现和处理潜在的问题，确保社会稳定和谐。

9.3　小结

目前，舆论对科技创新的关注度居高不下。一方面，科技应用的空间和潜力正在显现。"在线办公""云上教育""远程问诊""直播带货""无接触配送"的快速推广，切实为民众的生活带来便利。"新基建"概念走热，"信息网络""数字转型""智能升级""融合创新""高质量发展"成为高热词语。"北斗三号全球卫星导航系统正式开通"等事件，体现了中国科技实力。另一方面，我国在关键核心技术方面还存在短板。科技能力在大国博弈中占据重要地位，"科技反'围剿'"等呼声出现。下一阶段，大国博弈中的舆论交锋仍不可避免，深刻认识错综复杂的国际环境带来的新矛盾新挑战，增强机遇意识和风险意识尤为重要，坚持开放创新，在变局中寻求新发展机遇依然可期。

本章参考文献

[1]　张猛，尹其其 . 从华为中兴事件看我国芯片产业安全发展的问题与建议 [J]. 网络空间安全，2020，11(11)：57-60.

[2]　易显飞 . 人类生殖细胞基因编辑的伦理问题及其消解 [J]. 武汉大学学报（哲学社会科学版），2019，72(04)：39-45.

[3]　基因编辑技术的研究和应用：伦理学的视角 [J]. 邱仁宗 . 医学与哲学(A). 2016(07).

[4]　李静，谢耘耕 . 网络舆情热度的影响因素研究 —— 基于 2010—2018 年 10600 起舆情事件的实证分析 [J]. 新闻界，2020(02)：37-45.

[5]　李传志 . 我国集成电路产业链：国际竞争力、制约因素和发展路径 [J]. 山西财经大学学报，2020，42(04)：61-79.

[6]　孔建华 . 国内网络舆情治理研究综述 [J]. 电子政务，2018(12)：67-78.

[7]　杨兴坤、周玉娇 . 网络舆情管理：监测、预警与引导 [M]. 北京：知识产权出版社，2019.

[8]　刘怡君，王光辉，马宁，李倩倩 . 从数字看舆情 —— 十大舆论实例剖析及应对 [M]. 北京：科学出版社，2017.

[9]　吴梓源，游钟豪 . 缺失的一角："生命伦理三角"中的尊严之维 —— 兼议世界首例免疫艾滋病基因编辑婴儿事件 [J]. 福建师范大学学报（哲学社会科学版），2019(04)：103-116+172.

[10]　李子甜 . 工具性收益与系统性风险：新闻从业者的人工智能新闻技术认知 [J]. 新闻大学，2022(11)：29-42+117.

[11]　游淳惠，金兼斌 . 新媒体环境下科学知识对争议性科技态度的影响 —— 以转基因为例 [J]. 国际新闻界，2020，42(05)：81-98.

[12]　杨晓冬，隗来，刘美秀 . 科技传播视角下的公众科学素养知识沟与科学参与行为沟研究 [J]. 科学与社会，2020，10(03)：125-146.

[13]　杜泽，张晓杰 . 循证治理视域下突发公共卫生事件的网络舆情治理研究 [J]. 情报理论与实践，2020，43(05)：17-23.

[14]　赵可金，郎昆 . 中美竞争下的供应链安全研究 [J]. 东北亚论坛，2022，31(02)：19-39+127.

[15]　赵渌莹 . 中美贸易战对中美高技术产品贸易的影响研究 [D]. 北京：商

务部国际贸易经济合作研究院，2021.

[16] 徐娟.基因编辑婴儿技术的社会风险及其法律规制 [J]. 山东大学学报（哲学社会科学版），2020(02): 98-107.

[17] 王蕊.科学传播视野下媒体微博对突发性事件的舆情响应研究 —— 以"首例基因编辑婴儿诞生"事件中"新京报"为例 [J]. 新媒体研究，2019，5(24): 1-5.

[18] 安璐，胡俊阳，李纲.突发事件情境下社交媒体高影响力用户画像研究 [J]. 情报资料工作，2020，41(06): 6-16.

[19] 杨栋，梁霄.我国通信企业提升核心竞争力路径 —— 从中兴和华为事件说起 [J]. 对外经贸实务，2019(04): 18-21.

[20] 王钰琪."标签化传播"：基于中美新冠肺炎疫情的舆论交锋研究 [D]. 北京：北京外国语大学，2021.

第 10 章

社会民生舆情

本章将从社会民生角度讲述政务舆情在具体领域的内涵、特征及治理机制。在内容上，本章首先对社会民生舆情的内涵与特征进行梳理；然后基于社会民生舆情的演化路径总结出社会民生舆情的治理机制，包括对社会民生舆情的引导机制和管理策略。

10.1 社会民生舆情的内涵与特征

本节内容将阐述社会民生舆情的内涵与特征。首先，本节基于舆情概念的基本要素和"民生"的概念来揭示社会民生舆情的内涵；然后，本节对社会民生舆情、社会民生事件和传播的特征进行梳理和总结。社会民生舆情是最接地气的社情民意，是人民群众最真切的心声，最真实的生产生活实情。社会民生舆情发酵的动力基础往往是情感而非事实，其破坏程度易让局面失控。社会民生舆情蕴含错综复杂的利益关系，传播动力依靠图像驱动的趋势明显。

10.1.1 社会民生舆情的内涵

社会民生舆情是指人们在一定的社会空间内，围绕着社会民生事件的发生、发展及变化，对公共问题和社会管理者持有的社会政治态度、观念和价值判断，它是较多群众关于社会事件及问题所表达的观点、态度和情绪等表现的总和。简单地说，社会民生舆情是一定时期、一定范围的民众对社会现实的主观反映，是群体性的思想、心理、情绪、意见和要求的综合表现。在社会民生舆情概念的基础上，本节将社会民生舆情信息定义为既包括宏观层面海量社会民生舆情事件的演变及描述，也包含微观层面民众的思想、心理、情绪、意见和要求的相关信息的综合，社会民生舆情事件即引发一定时期、一定范围的民众对社会民生现实的各种主观反映的事件。

本节所涉及的"民生"属于狭义的民生概念，即主要从社会层面着眼。社会层面的民生主要包括民众基本的生存生活条件、民众基本发展能力、民众基本发展机会等方面。民生事件是最贴近群众生活的事件，关系到百姓最关心的利益问题，因此社会民生事件是社会热点事件在舆论传播中所占比例较大的一类事件。

10.1.2　社会民生舆情的特征

10.1.2.1　社会民生事件和社会民生舆情的特征

根据前文所述的"民生"内涵，社会民生事件具有以下 3 个特征。

（1）社会民生事件通常具有一定的波及范围和代表意义，通常与老百姓的日常生活息息相关，多涉及法律、道德层面。

（2）社会民生事件在社交网络中被热议，形成巨大的舆论浪潮，影响着事件的舆情走向。

（3）在社会民生事件中，随着媒体和民众的集中关注，舆情发展通常会出现新闻反转，若事件持续发酵，会多次出现舆论高峰，且舆情持续时间较长。

一般而言，社会民生舆情本身具有 4 个突出特征。

（1）社会民生舆情发展、发酵的动力基础往往是情感而非事实。当前，信息严重过剩，"注意力"成为稀缺资源，部分媒体对此展开争夺，甚至以偏概全、胡编乱造，千方百计吸引民众眼球，而对事实漠不关心。这导致舆情发酵的情绪传染在不断地"滚雪球"，而对真相的追问已经偃旗息鼓。所以，社会民生领域的很多舆情的发酵往往是基于情感的，而不是基于事实的。

（2）社会民生舆情易让局面失控。社会民生舆情以利益诉求为主，往往演变成"能量爆炸型"事件。在利益诉求中，物业维权、欠薪维权、征地维权、网约车维权、特殊利益群体维权、医患纠纷、执法纠纷、环境污染等占主要部分。这种社会民生舆情很容易引起相关利益群体"抱团取暖"，引发网民广泛共鸣，发酵形成舆情热点，引爆线下事件，再与网上舆情相互交织，演变成为重大舆情事件。

（3）社会民生舆情蕴含错综复杂的利益关系。社会民生舆情以利益诉求为主，多集中于收入分配、社会保障、住房保障、教育改革、养老改革、户籍改革、食品安全、环境治理、扶贫开发、就业创业等方面。其反映的问题牵涉多个利益主体，涉及的利益关系千丝万缕。要解决这些问题又涉及政策、法律、道德、情感、舆论等诸多方面的现实考虑，非常复杂。

（4）社会民生舆情的传播动力依靠图像驱动的趋势明显。移动互联网的传播速度越来越快，人们接触图像信息的比重也越来越大。我们所处的文化语境一天天地偏离了以语言文字为中心的理性文化语境，而快速地转向以图片、视频为中心的感性文化语境。表情包的蓬勃发展表明，网民依赖图像表达而抛弃语言文字表达的倾向越来越明显。图像不仅成为一种新的交流工具，而且已经演变成一种舆情语言。

10.1.2.2　社会民生舆情的传播特征

媒体平台中受人民关注的社会热点民生事件与其他类型热点事件的舆论传播存在 3 方面的差异。

（1）民生事件简单来讲就是百姓生活之事，该类事件偏向生活化属性，因此并不能像时政要闻、突发事件等类型事件那样引起传统媒体的重视。除性质极其恶劣的民生事件会第一时间引起传统媒体的注意外，传统媒体在民生事件形成初期对于事件的报道量通常不大，从而使该类事件的舆论场不得不转向微博等新媒体平台。

（2）在关注其他类型的社会热点事件时，民众往往只关注事件本身，但在社会民生舆论传播的过程中，常常会引人深省。微博上一些社会热点民生事件传播的过程和最终结果不仅能够引发网友的深度思考，还会反映、衍生出一些现存的宏观问题的讨论，该类事件在推动网络舆论发展的同时也在很大程度上促进了社会的发展。

（3）社会民生事件聚焦于社会民生这一特定领域的热点事件，而其他类型事件关注的领域不仅包含平民阶层家长里短的日常生活圈子，还包含广阔的民众生活领域。在价值取向上，社会民生新闻的传播角度倾向于平民大众，其他公共新闻的传播趋向于站在民众立场上。

社会民生舆情在社交网络和媒体平台中的传播具有诸多特征，比如，受众通过网络媒体平台使舆情表达更具自由性、对获取事件更具全面性、对事实真相更具接近性，以及对舆情的监督更具广泛性等。除这些与其他舆情的共性特征外，社会民生舆情凭借其独有的事件属性在传播过程中彰显了其特有的传播特征，形成其独特的传播模式和影响机制。本节将社交网络和媒体平台中社会民生舆情的传播特征总结为以下 5 点。

（1）高度的利益相关性。社会事件可以分为国际舆情、社会民生、企业财经、明星娱乐、文体科教、反腐倡廉等。其中，社会民生事件最贴近民众的衣食住行，与民众的生活最为相关。其与民众利益高度相关的生活化属性决定了民众对社会民生事件的关注度高于其他类型事件。

不同社会背景的民众利用微博等平台的自媒体特征对社会民生事件高度关注，打破传统的信息传播方式，每个民众都可以成为信息的传播者与接收者，民众的信息传收一体化让社会民生事件独特的舆论传播特点更为凸显：一千个"哈姆莱特"用一千个视角去传播、评论社会民生事件，产生了信息传播的"爆炸式"效果，形成社会民生舆情传播过程中一传十、十传百的"蒲公英效应"。

高度与民众利益相关、贴近民众生活的社会民生事件在完全公开化的社交平台上受万众瞩目，全民关注事件的舆情走向和最终调查结果，加之社交网络平台"网状结构"的传播特点为民众的互动交流、信息的发布和舆情的传播提供了更便利的条件和更广阔的平台，使热点社会民众舆论在社交网络上的传播形成一个快速分享、扩张的过程。这种传播机制可能会导致系统的连环变化，使舆情传播的表现效果倍增，形成巨大的舆论浪潮，提升社会民生事件在舆情传播中的瞩目地位，彰显其独特性。

（2）螺旋式的舆论争论性。社会民生事件的舆情传播呈螺旋式发展，即民生事件经过民众的高度关注总能形成让人意想不到的舆情走向，或许只是一个十分细微的小事，通过民众合力传播后，小事被迅速放大，矛盾不断升级，形成威力不可想象的舆情飓风。这种螺旋式的传播特点区别于其他社会热点事件的线性传播模式，它不是只有一边倒的舆情呼声，其争论性可以总结为以下两点。①对抗型舆情。这种类型的争论可能不只引发一个舆情高潮，也可能不只两个阵营的舆情相互对抗。社会民生事件贴近民众生活，而不同民众的生活现状和成长背景导致民众对一个民生事件可能形成多种立场，在舆情传播的过程中，多种立场相互碰撞，使舆论场里可能产生多种不同的"化学反应"，让事件朝多种舆情走向发展，一件事经过对抗性的争论引发出另一种或更多种声音，事件最终的解决结果变幻莫测。②逆转型舆情。在社交网络平台中，一些社会民生舆情的发展在事件初成期会形成"一边倒"的舆情态势，但随着事件的推移和对事件的挖掘、调查，事件全貌浮出水面，舆情会瞬时形成倒戈性的逆转，矛头从事件一方转向事件另一方，具有此类舆情传播特点即为逆转型舆情。逆转型舆情有两个特征。一是该类事件发生的领域通常具有较强的社会性。无论是医患关系问题还是社会治安问题，都是与民众生活息息相关且社会中较为常见的事件，该类事件无须民众具有相关方面专业知识，任何民众都可参与舆情讨论，使社会民生舆情的发展受到主观和客观的因素影响。不同的民众认识使事件形成强烈反差，导致舆情逆转。二是事件逆转的频度具有不可预知性，有可能是一来一往，也可能是一波三折。

（3）涟漪式的同类事件关联性。该特征是指在一个社会民生事件发生之后，引发民众自觉联想起以往发生过的类似事件，将二者或多者相结合对事件进行有针对性的关注，即由一个事件引发出涟漪式的反应，以致民众开始对一类事件进行持续关注与评论。

较其他类别的社会事件而言，社会民生事件更容易让民众将该事件与以往发生过的同类事件相关联。同类事件之间存在着或亲或疏的内在联系，让民众认为在事件背后一定存在着或相同、或相近的深层社会问题。所以一件社会民生事件的发生，时常会在社交网络平台舆论场上被民众涟漪式地关联起同类事件，引起社会各方面的重视。

涟漪式的同类关联事件具有以下特征：①涉事群体具有相似性；②事件性质恶劣且具有连发性；③事件发生的原因具有多样性。

（4）显著的官方介入性。社会民生事件通常具有显著的官方介入性，即通过民众对一件社会热点民生事件的关注与讨论，涉事主体、传统媒体或有关部门介入，发出官方声音，致力于控制舆论发展走向或平息舆论。

需要注意的是，并不是所有的社会民生事件在有关部门给出官方回应之后都能控制舆论发展或平息舆论，相反，很多事件在官方给出回应后不但不能平息舆论，甚至会加重民众的愤怒情绪，引发更大范围的民众围观，形成舆论合力，引发二次舆论高潮。

除此之外，与其他类型事件不同的是，社会民生事件往往不只是探讨事件本身那么简单，通常要挖掘事件背后所存在的社会问题，这便要靠官方传统媒体的介入，对事件进行深入剖析。例如，微博已经成为越来越多社会热点民生事件传播的"第一现场"，"事发即被报道"显现了微博传播信息的即时性特征。然而，尽管微博传播初始信息速度较快，但微博上的舆论传播多以转发他人言论为主，对于事件的扩散起到了极大作用，而对于社会热点事件本质的深度剖析还要靠与官方声音和传统媒体的结合。

（5）道德与法律问责的推动性。社会民生事件通常与民众的日常生活息息相关，多涉及道德、法律层面，或是在事件最后的解决阶段上升到道德和法律层面。

舆论与道德是密不可分的两个概念。"道德需要舆论这种浮动意识形态的沉淀，舆论也需要道德判断和评价才能成型。舆论一直贯穿在道德的形成与作用的整个过程之中，任何一项道德规范的形成不但需要舆论为其推广，而且道德在对社会发挥作用的同时也离不开舆论的监督。"由此可见，网络媒体中的舆论传播与对道德的探讨相辅相成，民众在网络媒体平台上对社会民生事件进行"道德审

判"的同时，也会在一定程度上规范自身道德修养，对社会道德的建设具有积极
的推动作用。正确的舆论倾向可以形成道德力量的聚合，影响民众的道德观念，
有利于使不良的社会道德思想行为受到众人谴责，营造更加道德的社会环境。在
很多现有的网络媒体平台上，"人机对话"的交流机制让更多网友敢于站出来为
道德正义说话，越来越多的人在微博上对不道德、不公平的行为和民生事件进行
指责，为维护道德的社会环境发声。

10.2　社会民生舆情的治理机制

本节对社会民生舆情的治理机制进行阐述，首先说明社会民生舆情的 4 条演
化规律，和社会民生舆情的影响因素，进而详述社会民生舆情的治理机制，包括
对社会民生舆情的预警、监控与引导。

10.2.1　社会民生舆情的演化规律

在谈及社会民生舆情的治理之前，我们应先了解社会民生舆情的演化规律。
一般而言，舆情的生成及发展虽然复杂，但有其演化规律，专业人员可通过研判
舆情发生、发酵、消解的拐点，实现舆情软着陆。通过对近几年社会民生舆情事
件进行调查研究，本节采集了数千条舆情数据，对舆情演化传播进行数据分析，
从传播媒介、意见领袖、谣言、网络集体行动、公共政策方面对我国社会民生舆
情的演化规律进行梳理。

在传播媒介方面，传统媒体和新媒体最关注的事件均为言行不当、涉法涉警
和社会民生，具体曝光渠道以报纸、网络新闻和论坛社区最为活跃。传统媒体和
新媒体曝光全国性事件的数量最多。新媒体对舆情关注点的引导力显著高于传统
媒体。电视首次曝光的舆情事件最受民众瞩目，各舆情主体运用媒体进行信息发
布的方式不一。

在意见领袖方面，意见领袖参与的事件中，言行不当类占比最高，其次为涉
法涉警类舆情事件。全国性事件、多主体干预的事件、新媒体曝光的事件、谣言
滋生的事件等，更易引起意见领袖的关注和参与，意见领袖成为发起、推动网络
集体行动的重要力量。有意见领袖参与的公共事件，舆情持续时间要长于无意见
领袖参与的公共事件，微博用户的关注度要明显高于无意见领袖参与的公共事

件。影响意见领袖参与的因素包括事件类型及是否有网络集体行动。

在谣言方面，出现谣言的舆情事件，通常经由新媒体特别是论坛社区曝光。在这些舆情事件中，涉及公共管理和社会组织的事件占比接近半数，交通运输仓储和邮政业、制造业均为一成左右。从舆情事件类型上看，言行不当类占比最高，涉法涉警类与社会安全类舆情事件紧随其后。有谣言的舆情事件受网民关注度显著高于无谣言的舆情事件。

在网络集体行动方面，有网络集体行动的社会舆情事件相关者中，公共管理和社会组织行业占比位居首位；制造业及交通运输仓储和邮政位居其次；全国性事件最容易产生网络集体行动行为。从舆情事件类型上看，言行不当类舆情事件占比最高，其次为灾害事故和社会民生类。有网络集体行动舆情事件的首曝媒体中，新媒体占比更高；有网络集体行动发生的舆情热点事件中，出现谣言传播的概率相对更高。涉及区域民众利益及全国民众利益的舆情事件更易引发网络集体行动。有网络集体行动的舆情事件的网民关注度要显著高于没有网络集体行动的舆情事件。

在公共政策方面，推进公共政策改变的事件主要以社会民生事件为主，占舆情事件总数的近三成，其次为言行不当和时事政治类事件。公共管理行业舆情事件推动公共政策的数量最多，其次为教育类和制造业舆情事件。由报纸等传统的纸面媒体和带有很强的传统媒体特性的网络新闻首曝的事件，对于推动公共政策影响较大，影响的层面也较高。而论坛社区、微博、博客等新媒体推动公共政策议程的影响力则相对较小。可见，传统媒体由于自身的优势更容易对决策层造成影响。网络舆情影响公共政策制定的主要原因包括事件类型和是否有第三方参与。不同的事件类型对于公共政策的影响程度不同。社会民生类、时事政治类舆情与公共政策之间的关系更紧。这一方面反映了民众参与讨论公共政策制定的意识在不断增强，另一方面也反映了国家决策的科学性、民主性。许多公共政策的出台，不再是决策者关起门来的传统决策模式，而是向民众释放决策气球，让更多的民众参与到公共政策的讨论中来。

10.2.2　社会民生舆情演化的影响因素

社会民生舆情的演化主要与以下 4 项影响因素有关。

（1）社会民生舆情的参与主体。新媒体将平民阶层和精英阶层的距离进一步拉近，二者之间的沟通愈加直接和频繁，"不同声而相应，不同气而相求"现象屡见不鲜。然而，舆论场充斥着张扬个性、抵触霸权、反对管制等心理，导致民众的关注点出现情绪化偏移，舆论矛头发生转向。一些发帖人把发"牛皮帖"当作"打酱油"，刷存在感，长此以往，很容易得到不明真相民众的认同，平民阶层与精英阶层共同制造舆情，推动了事件的蔓延和发酵，促成舆论中心的快速更迭。一旦同类舆情爆发，借助舆论场不同族群的质疑、谩骂、谴责等舆论压力，此类舆情往往"痒"不自禁，漫天要价甚至狮子大开口，加大舆情处置压力。

（2）社会民生舆情的载体。随着网络技术的发展和移动互联网的普及，以微博、微信为代表的新媒体已经成为热点事件曝光的主要平台和舆论的独立源头。在多平台社交舆论场相互串联的环境下，一些异化的社会民生舆情故弄玄虚、耸人听闻，甚至借助新媒体混淆视听，合理诉求与不合理诉求交织，情绪化表达与无限上纲上线结合，删又删不尽，说又没人信，造成诸多领域负面情绪的积攒。当个别现象成了舆论讨论的共性话题之后，衍生舆情就会取代主体舆情，寻找其他的发泄出口。

（3）社会民生舆情的客体。社会民生舆情的演化受到多方面因素的影响，属于社会问题的媒介化呈现，故其指向明确。发帖人为了迅速解决问题、落实诉求，经常利用微博等新媒体向更高层级领导或职能部门隔空喊话、反复叫阵，导致舆论场对于体制机制等社会深层次问题展开讨论。在负面舆情指数偏高的地区，此类现象尤其明显，民众相信"上访不如上网"，一言不合网上见，形成情绪上的临时聚合。

（4）社会民生舆情的传播周期。周期性地出现舆论转移和追逐焦点事件，属于正常的舆论场现象；单一舆情事件周期性地出现在舆论场，则属于不正常的舆论场个案。异化的民生舆情不符合网络舆情演进的周期性特征，隔三岔五给社会管理者添堵，其根本原因在于：一是民生舆情异化背后往往隐藏着若干复杂的利益诉求，这些利益诉求藤牵蔓绕，甚至有一些网络推手参与其中，导致舆情协调难度相当大；二是部分社会管理者回避矛盾，设法绕开舆论关切，奉行"搞定就是稳定，摆平就是水平，无事就是好事"的处置策略。这些消极的应对方式虽暂时平息了舆情，但实际上埋下了舆情反复的伏笔。

10.2.3　社会民生舆情的治理机制

社会民生舆情的治理机制包括对民众的舆论预警、监控与引导，致力为解决民生舆情现有问题，打造文明法治、健康有序的网络媒体平台提出有效的治理办法，让新媒体在舆论传播的过程中发挥其积极效应与价值，为正能量的广泛传播及热点民生事件的妥善解决提供舒适与便利的舆论环境。

10.2.3.1　社会民生舆情的预警机制

（1）建立社会民生舆情危机事件的识别机制。识别机制能在海量的网上信息中筛选出可能存在危险的有效信息，进而分析这些信息的来源和可能的传播途径，最终对社会民生舆情热点的危险程度给出可靠的判断，为政府职能部门更好地管控社会民生舆情提供技术支持。

（2）对社会民生舆情的风险进行评价。对案例库中的以往社会民生舆情进行处理分析，进而得出能够诱发社会民生舆情的特征，依据这些特征，对搜集到的社会民生舆情进行评价，为预警工作提供准确的处理目标，提高工作效率。将社会民生舆情危机事件可能造成的危害分为不同的级别，其中，红色代表一级预警，说明舆情非常严重，造成的危害也很大，应引起网络媒体和政府职能部门的高度关注。建立预警评价机制主要是为了提前评估危机信息，依据预警级别，为政府职能部门提供技术支持。

（3）基于社会民生舆情信息建立决策机制和信息反馈机制。决策机制是预警系统，在对社会民生舆情危机信息进行评价之后，政府职能部门会按照不同的级别和危机类型采取相应的措施，这一机制在整个预警机制中非常重要。作为处理社会民生舆情危机事件的主体，政府职能部门在采取措施时，一定要通过各种渠道将决策的主动权掌握在自己手中，在这个过程中还要追踪实施效果并进行评估和检测，确保应对社会民生舆情危机事件时能快速制定精准有效的预警方案。信息反馈机制在预警处理过程中始终存在，反馈信息及时且详尽，能对舆情起到很好的控制作用。这些反馈信息主要包括危机处理过程中社会的评价和广大民众的意见，对提高预警水平很有帮助。这种信息反馈机制的存在，给政府职能部门和广大民众之间架起了沟通的桥梁，政府可以随时了解民众的意愿，进而制定科学有效的应对措施。

10.2.3.2　社会民生舆情的监控机制

社会民生舆情事件往往涉及民众的利益，备受大众关注，一旦事件处置不当极易引发网络舆情危机。在舆情监控方面，尤其是热点的社会民生舆情需要更为谨慎应对。下面就如何做好民生舆情监控工作的问题，总结几点建议。

（1）采用专业舆情监控设备。网络平台是民众抒发民意的主要场所，也是搜集民生舆情信息的重要渠道。由于互联网信息更新速度快，信息产出量大，单靠人工做民生舆情监控工作，已经不能满足数据分析的需求了。因此，可通过蚁坊等专业的网络舆情监控系统，全面收集网络舆情信息，设置需要重点监测跟踪的民生舆情事件专题来做具体的分析判断，从而确定事件发展动向。

（2）建立舆情监测机制。基层呼声是社会民生舆情的源头，要做好社会民生舆情监控工作，只有从基层出发，才能掌握最真实的舆情信息。首先，可通过建立健全基层舆情探测机制，掌握基层民众的思想动态。其次，建立健全基层舆情分析报告机制，让基层的舆情信息监测员及时反馈舆情事件动态和风险。

（3）日常实时监控，及时分析研判。网络媒体已经成为信息传播的主要渠道，社会民生舆情一旦经网络媒体传播，会大范围快速扩散。因此，只有提前做好舆情监控和研判工作，才能防患于未然。应将舆情监控工作纳入日常工作范畴，定期召开舆情分析研判会，及时了解基层情况，提前采取应对措施，解决问题。

（4）成立舆情监控小组，加强正面传播。社会民生舆情事件很快就会形成网上舆论，可能造成非理性负面舆论蔓延。为实时有效地加以控制，避免不了对非理性网民加以引导。可成立专业的做舆情监控的小组，实时监测舆情，及时反馈舆情问题，控制负面舆论及影响恶劣的舆论信息传播，加强对正面舆情信息的传播。

10.2.3.3　社会民生舆情的引导机制

在社会民生舆情的传播过程中，社会民生舆情所具有的高度利益相关性和螺旋式的舆论争论性等特征，会使舆情在传播的过程中产生乘数效应、蝴蝶效应等规律。这些规律在消极环境的作用下，会产生虚假消息泛滥、网络暴力频发、民众道德缺位的问题。面对这些从民众角度所引发的问题，各方面应该加强对舆论的引导，发挥积极的社会民生舆情导向作用。

第一，加强与新媒体平台用户的沟通互动，引导文明的媒体舆论秩序。面对新媒体时代社会热点事件的舆论主要阵地，有关部门应该主动走到用户中去，进驻新媒体平台，加强与平台用户的沟通互动，引导文明的网络舆论秩序。平台用户在舆情传播的过程中更相信权威言论，目前微博上人民日报、央视新闻等权威官方微博具有极大规模的粉丝，这能印证这一结论。因此，政府机构更应利用好微博等新媒体平台对社会热点事件舆论进行积极引导。

（1）针对泛滥成灾的虚假消息，有关部门对于舆论的回应一定要快。对于舆情严峻的社会民生事件，有关部门应给予高度关注并及时发布相关新闻，回复微博评论。政府的权威信息是微博用户的"定心丸"，及时发布和回应微博用户所关注的新闻可以在很大程度上阻止恶性舆论的产生。在热点事件产生的敏感时期，有关部门应在新媒体平台上抢夺舆情制高点，获得舆论场的主动权，用权威信息代替"小道消息"，在源头上切断谣言等虚假信息出现的可能性。

（2）以各大新闻媒体部门为主导，为深度参与舆情传播过程形成一支兼职的"网民队伍"。通过前文对典型社会民生舆情传播的分析可得出，在热点民生事件的传播过程中经常会出现极化效应，这种"一边倒"的舆论趋势十分容易引起负面的舆论倾向。为避免社会热点事件的舆论发展被某些非理性网民或媒体主导、操控，有关部门可以成立一支代表政府立场的"网民队伍"。该队伍成员应熟悉微博、微信等平台上热点事件舆情传播的形成过程和发展规律，当热点民生事件舆论产生"一边倒"形势的时候，作为政府的喉舌，加大与平台用户的沟通并引导正确的舆论方向。此外，通过长期的舆情引导与监测，该队伍可以全面深入地分析微博舆论的应对机制，完善新媒体平台上舆论传播的引导体系。

（3）有关部门应该正面面对民众所关心的问题。政府部门不应该为了尽早平息舆论而选择消极规避民众关注的敏感话题，以及刻意弱化事件的严重性。这种行为的结果不仅往往适得其反，而且会引起二次舆论高峰。想要正确应对新媒体平台上社会民生事件的舆情发展，有关部门一定要敢于直面敏感问题，对敏感的问题予以击破才是平息舆论的最有效的方式。同时，官方媒体要负起责任，一定要发布有事实依据、经过证实的消息，以免带偏舆论导向。必须全面提高新媒体平台舆情工作人员的整体素质，当发生重大社会民生事件时，新媒体平台舆情工作人员能够做到不随意发表言论，统一用一个声音说话，避免官方团队说法不一、前后矛盾的现象，从而给予微博用户以信任感和踏实感。

第二，加强培养平台意见领袖。意见领袖可以在社交媒体平台中有力推动舆情的发展，深刻影响事件舆情的传播培养意见领袖，可以借助意见领袖的力量加强对舆情演化的引导控制。从微博用户的整体结构来看，用户年龄普遍偏小，缺乏丰富的人生经验和对社会的深度认知，尤其是面对微博上的海量信息时，用户会有真假难辨的迷茫感。在微博上出现大量的虚假言论时，用户对于意见领袖的关注和依赖会尤为强烈，所以，加强对新媒体平台意见领袖的培养，对营造健康的社会民生事件微博舆论环境具有重大意义。

（1）加强对平台意见领袖的调查研究。目前我国对于意见领袖群体的研究还处于比较初级的阶段，随着越来越多的民众使用微博、微信等新媒体平台，对于意见领袖的分析研究则变得更有意义。意见领袖已经成为舆情传播的中心节点，所以根据新媒体平台上的各类社会热点事件，对于意见领袖群体的性别、年龄、职业类型等因素都应归纳到调查研究的范围之内，以便更有针对性地对该群体进行引导与培养。

（2）正确引导和培养意见领袖。对意见领袖的引导和培养需要一个长期的过程，新媒体平台民众的草根性注定了每个用户的个人素质等因素的参差不齐，这需要有关部门进行长期科学、耐心的指导。意见领袖应该具有传播社会主流价值观和先进文化的责任意识，在引导舆情传播的过程中能够宣扬国家主流意识形态，确保社会主义核心价值观在平台舆论传播中的主导地位。在遇到重大的社会热点事件时，能够聚集和发布正面的言论及力量，稳定用户情绪，切断负面舆论扩散的可能，以达到积极引导微博舆论的目的。

（3）团结意见领袖，搭建互动沟通平台。加强与意见领袖的沟通交流对培养意见领袖具有积极效应，在重大社会事件舆论传播中，只有有效的沟通才能将正确信息通过意见领袖的转发更大范围地扩散给平台用户，从而更顺畅地引导舆论。此外，意见领袖分为许多群体，如专业媒体人员、专业技术人员、专业学者、知识分子、极具影响力的官员等，只有针对性地与各领域的意见领袖进行有效的互动沟通，才能吸引更多专业人士入驻新媒体平台，发表积极权威的言论，引导舆情传播的健康发展，从而促进整个社会舆论环境的健康发展。

第三，发挥传统媒体对舆情的引导作用。传统媒体的引导对新媒体平台舆情传播的健康发展有着关键的助推作用，加强传统媒体与新媒体平台的互动，把传统媒体的优势注入新媒体舆情的发展当中，对新媒体平台舆情传播的融合发展很有必要。目前，新媒体的舆论传播并没有形成一个成熟的体系，其发展规律仍处于不断探索的阶段，因此，传统媒体应发挥其积极作用，在舆情传播中与新媒体传播融合，实现二者共赢，共同打造更加广阔的舆论发展空间。

（1）传统媒体需要采取引导与监督相结合的态度来助推新媒体舆论传播。对于新媒体平台上社会民生事件传播渠道多样从而带来的信息碎片化现象，传统媒体应该做到理性地整合，利用新媒体平台信息，深入调查取证，做到不轻易听信新媒体平台中企图扰乱视听的虚假言论，建立谣言过滤系统和信息整合系统，通过规范的流程取得权威的结论，并配备专业的工作人员对新媒体舆情发展进行跟踪监测。

（2）保障报道深度，提高报道效率。传统媒体的权威性是民众统一认可的，官方言论是权威的符号，对新媒体舆情的传播具有重大影响。即使是在以网络信息传播为主要传播方式的今天，虽然民众降低了对传统媒体的依赖，但是传统媒体的权威性是从未被否认过的。传统媒体对社会热点事件的深度分析是对新媒体平台上事件讨论的补充和延伸，其对事件全貌的掌握和对舆情分析的深度加强了民众的信任感，因此传统媒体要在把握住已有优势的基础上提高报道效率，弥补自身劣势，打破民众对传统媒体的刻板印象，给民众以踏实感，加强对新媒体舆情传播的引导。

（3）培养传统媒体中的新媒体意见领袖。传统媒体应与新媒体平台的舆论传播机制相融合，走到民众中间来，真正了解民意，有针对性、方向性地进行引导。只有培养出传统媒体的意见领袖，与民众进行广泛交流沟通，传统媒体才能通过民众舆论倾向拓宽对热点事件妥善解决的渠道，加强对新媒体舆情传播的积极引导。

本章参考文献

[1] 张昕彤 . 社会热点民生事件的微博舆论传播 [D]. 长春 : 吉林大学 , 2018.

[2] 颜陈 . 民生舆情异化及其消解路径 [J]. 领导科学 , 2018(01) : 17-18.

[3] 杨佳豪 . 网络环境下政府危机公关对策研究 —— 以红黄蓝幼儿园事件为例 [J]. 唐山学院学报 , 2019, 32(05) : 99-108.

[4] 程粮君 , 许欢欢 . 从社会化媒体看虐童事件舆情演变趋势 —— 以红黄蓝事件为例 [J]. 视听 , 2018(01) : 141-142.

[5] 李燕凌 , 刘科呈 . 突发事件网络舆情的嬗变与政府干预最优策略 —— 基于 "红黄蓝幼儿园虐童事件" 的仿真分析 [J]. 湖南农业大学学报（社会科学版）, 2019, 20(02) : 68-75.

[6] 肖遥 . 自媒体语境下公共事件的传播分析 —— 以 "红黄蓝幼儿园虐童事件" 为例 [J]. 新闻研究导刊 , 2020, 11(13) : 48-49+239.

第 11 章

政府管理輿情

本章首先对政府管理舆情的内涵与特征进行梳理；然后基于政府管理舆情的演化路径总结政府管理舆情的治理机制。

11.1 政府管理舆情的内涵与特征

本节将阐述政府管理舆情的内涵与特征。首先根据政府管理舆情产生的原因来阐述舆情的内涵，然后对政府管理舆情的特征进行梳理和总结。政府管理舆情事件大多涉及公共利益和政府相关机构职责，往往因牵涉广大民众利益和服务型政府形象而备受关注，是制度化不通畅的产物，同时也是社会矛盾的重要反映。受传统"官本位"思想的影响，这类舆情极易激发民众的逆反心理，甚至对政府的公信力产生冲击。

11.1.1 政府管理舆情的内涵

政府管理舆情是指由政府管理范围内的事务所引发的舆情，即有多少类政府职能，就有多少类政府管理舆情。根据舆情的发生原因，可将政府管理舆情分为两个大类：一类是直接因官员和政府管理活动而发生的；另一类的起因则与政府管理并无直接联系，但会对政府管理造成不良影响。

进入信息时代后，民众通常使用网络来参与政府管理事务。相较于电话热线、写信咨询、网站留言等方式，网络参与具有较强的适应性，因为网络参与的基本途径是信息传播，而传统方式是信息传递。二者的根本区别在于传播是公开的、扩散式的，即信息的受众是所有人，而不仅是有关部门，因此，在信息向有关部门传递的同时，也意味着该部门已经处于被围观的状态中，而"围观就是力量"，政府部门会感受到外界的压力，从而有可能"化压力为动力"，提高回应成效。传统参与方式，无论是写信还是电话热线，只要不是公之于众，其实都是单向的信息传递，具有很强的私密性，相应的，在处理上也具有很强的可控性。

因此政府回应与否，如何回应，都会变得非常主动和自如，特别是对规范度不高、责任感不强的地方政府而言，无压力则无动力，很难产生有效回应。因此，民众为了让诉求得到更好的解决，通常会使用网络来对政府管理事件进行评论，并逐渐形成政府管理舆情。

11.1.2 政府管理舆情的特征

11.1.2.1 政府管理舆情的特征

总体而言，政府管理的最终目的是为人民谋福祉，因此一旦政府管理事件出现纰漏，比如，与民众期望有较大偏差，则十分容易引起社会秩序混乱、造成民众惊慌失措，摧毁民众对政府的信任，甚至可能会引发抗议性的集体活动。

政府管理舆情通常具有以下特征。

第一，政府管理舆情是制度化参与不通畅的衍生物。作为普通民众，因为政治权利匮乏且政治参与途径受阻，所以必须寻觅其他途径进行强权和扩权，或者通过特定的方式进行抗争才能保护自己的权利。但又因为民众个体不具备对抗官员个体的能力，因此必须通过一定的途径，形成集体的力量才能对抗官员，于是政府管理舆情就成为凝聚集体力量的工具，舆情也因此成为常见的底层抗争方式。

第二，政府管理舆情是科技、经济和文化合力助推的结果。信息技术和经济的发展使普通民众上网成为可能，但因为普通民众缺乏信息来源，信息比较闭塞，并且理解、表达和传播能力也有所欠缺，所以需要有人进行信息的收集、解读和二次传播，意见领袖由此应运而生。意见领袖的出现是舆论发展的一个特点，尤其是微博等社交平台出现后，更是涌现出动辄数百万甚至上千万粉丝的"网络大 V"，其中不乏扮演"民主斗士"的"公知"，这些人无论动机如何，都曾是这一时期推动舆情发展的中坚力量。

当然，文化和社会心理因素在舆情中的作用也不可或缺，是重要的内部因素。首先，传统的"仇官心态"和"清官情结"是政府管理舆情在我国盛行的重要原因之一。民众对现实中的贪官、昏官十分愤恨，同时也对清官、能吏十分期待，政府管理舆情频发与二者之间的强烈反差和巨大落差有关。其次，传统的"为民请命"和"事事关心"的士林文化是网络意见领袖和自媒体兴起的文化支撑和底蕴。"为中华之崛起而读书"和"天下兴亡，匹夫有责"的文人情怀和济世之心是大部分活跃在网络上的知识分子的内心写照。

第三，政府管理舆情是社会矛盾激化的反映。我国目前仍处于转型阶段，面临着社会经济结构、文化形态、价值观念等方面的深刻变革。转型期同时也是矛盾的多发期，社会矛盾有时通过激烈爆发的方式为社会拉响警报，但更多的时候是暗流涌动，需要政府管理舆情这种相对温和的方式来发挥"晴雨表"作用，使政府能够通过舆论及时发现管理中存在的问题。在转型期社会矛盾的调节中，政府管理舆情不仅要发挥"晴雨表"作用，还要发挥"安全阀"作用。当矛盾压力积累到一定程度后，允许通过舆情的方式进行"排气减压"，即通过对个别官员的处理，释放民众的怒火和怨气，解决舆情中体现的问题，从而以最小的成本和代价，减小社会动荡，降低社会风险。

第四，政府管理舆情是官员不当行为的结果。政府管理舆情背后隐藏的是政民矛盾，因此在舆情中，官员仅仅是介质而非本体，而使这一介质发挥作用的则往往是其不当作为。一般情况下，民众通常不会对官员无伤大雅的细枝末节吹毛求疵，如公车私用问题等，虽然偶尔有舆情发生，但影响一般较小。大多数情况下，只有政府官员或其亲属出现了非常恶劣或严重违反常规的行为时，才有可能发展成为政府管理舆情。相对于中央政府官员，地方官员整体素质较低，法治观念和规则意识较差，同时受地方官僚习气和不良官场风气的侵染，更容易出现某些不当言行。更严重的是，许多政府官员并没有充分意识到该类作为的不当之处和危害程度，而是习以为常，认为理所应当，缺乏必要的反思和警醒。一旦这些不当行为超出常人能够忍耐的界限时，就会发展成为有关政府管理的新闻，成为点燃政府管理舆情的导火索。

11.1.2.2 政府管理舆情的传播特征

政府管理舆情在网络时代的演化和发展过程中，与媒体和民众相互影响并融合，逐渐在传播过程中产生叠加聚焦、共振趋同、群体极化和对抗阻动的特征。

第一，舆情的叠加聚焦性。叠加和聚焦用来形容事物的累积和聚集的过程，在本节中用来泛指网络舆情多种影响因素综合叠加产生的效应，以及人们普遍关注或形成普遍一致的观点看法等，即网络舆情由小变大、由分散到集中的过程。政府管理舆情在传播过程中产生该特征的原因如下。一是根据议程设置理论，民众对于事务问题的认知是可以被媒体影响的。通过反复传播，媒体可以强化该信息在民众认识中的重要程度。媒体通过对某一事件的频繁报道，或者多个媒体共同对某一事件进行报道，就会产生叠加效应，增加民众对该事件的重视程度和关注程度。二是根据大众传播理论的集群效应，民众会根据某种需求聚集，这种需求可以是年龄、兴趣、收入情况等，聚集包括观点的聚集和情绪的聚集，他们更喜欢和取向相同的群体进行分享和交流。同时，经济社会发展的不平衡和利益格局的多元化，增加了社会矛盾的复杂性和多变性，一些社会群体尤其是处于相对弱势的群体，更容易将自己遭受过的不公平情绪带入政府管理舆情事件中。此外还有比较普遍的"仇官""仇富"心态，这些负面情绪不断累积和聚集，很容易引起民众围观和热议，同时还伴随着民众情绪的集中宣泄，导致事件在短时间内发酵，变得更加尖锐和复杂化，倘若政府处置不及时或不得当，极易引起民众内部矛盾或政府与民众之间的矛盾。三是媒体刻意渲染、强化了聚集效应。部分媒体为了吸引更多的关注和点击，最大限度地传播信息，通常会在醒目位置冠以"重磅""突发"等夺人眼球的字眼，或者在题目中增加标签，以此等形式聚集受众。更有甚者，利用当前自媒体的低门槛和隐匿性，个别媒体夸大事实、恶意炒作骗取流量，或者散播虚假消息来谋取非正当利益。

第二，舆情的共振趋同规律。首先，共振的物体振动频率是接近的。在网络时代舆情生成的过程中，有相似性或共同性的舆论非常容易产生共振共鸣，有相同或相似观点、情绪的民众之间就会相互声援，产生网络舆情的共振趋同效应，并且观点愈发一致，这种共振趋同就会越来越强烈。其次，当振动频率完全一致时，振幅最大，即能量最大。具体表现为，当议程设置和共振趋同受到内外力共同作用时，民众的观点会越来越趋于一致，共振的频率即民众的态度、观点、情绪也会越来越趋于一致，共振效应越来越明显，舆情的影响力和破坏力也将达到最大值。

第三，舆情相关群体的极化性。群体极化可以看作在群体讨论之前，每个个体事先带有的某种倾向性意见，在讨论过程中受到群体压力或群体从众心理的影响，最终产生思想或行为的极化现象。例如，关于美国是否应该禁枪的讨论从未中断，每次重大枪击事件都会引起一番争论，但结果都是原来认为应该禁枪的"禁枪派"更加坚定支持禁枪，原本认为不应该禁枪的"持枪派"更加坚定认为应该保留枪支。

第四，舆情具备对抗阻动规律。在政府管理舆情的生命周期中，由于政府、媒体、民众及当事人所处的站位不同、利益不同，持有的态度、观点和情绪也会不同，即使在民众和民众之间，往往也会有不同程度的差异，所以针对某一个事件，网络上通常会同时传播不止一种观点和情绪。有时候民众和政府之间、民众与媒体之间、民众和民众之间互为对立状态，一方对舆情起着正向的推动作用，另一方就对舆情起着反向的阻滞作用，舆情就在相互的对抗和冲突中演化，当正向力（推动力）大于反向力（阻滞力）时，舆情就会表现为扩散状态，当反向力大于正向力时，舆情则表现出消减状态。

11.2 政府管理舆情的治理机制

本节对政府管理舆情的一般治理机制进行阐述，首先说明政府管理舆情的演化规律和演化的影响因素，进而详述政府管理舆情的治理机制，包括对政府管理舆情的预警、监控和引导机制。

11.2.1 政府管理舆情的演化规律

在谈及政府管理舆情的治理之前，应先了解政府管理舆情的演化规律。因此，本节从舆情的 4 个发展阶段来对我国政府管理舆情的演化规律进行梳理（见图 11-1）。

部分政府管理事件运行过程复杂，利益相关方众多，民众关注度高，引发舆论的风险点也较多。政府管理舆情风险由一系列复杂过程导致，问题起源、媒体扩散、民众关注、政府治理等众多主体与过程交叉叠加，最终构成了政府管理舆情的演化规律。

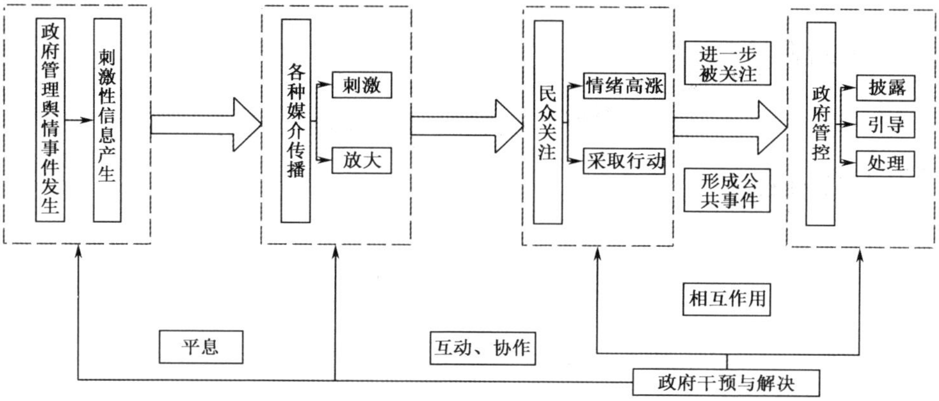

图 11-1 政府管理舆情的演化规律

第一阶段，政府管理舆情事件的发生会导致刺激性信息产生。该阶段需要明确政府管理的困境，这些困境是刺激性信息产生的主要原因。

（1）政府管理理念落后，距离真正转变为服务理念还存在较多制约。例如，政府机关中"官本位"的思想依然不同程度地存在，导致政府对民众的需求缺乏重视，公共服务不到位，办事效率低下。

（2）政府职能转变不到位。该困境首先体现在现有公共服务无法满足民众日益增长的服务需求，公共服务的供给失衡导致弱势群体无法及时有效地享受应有的公民权利，容易产生社会不公现象；其次体现在政府管理中的越位、缺位、错位现象严重。

（3）运行机制不健全。首先，从决策机制的层面来看，因决策者不用承担决策风险，容易出现主观武断和不负责任的现象，使整个决策过程缺乏科学性，一旦决策出现失误，必然会给政府和社会带来巨大损失。其次，从监督机制层面看，政府和民众之间的信息是不对称的，导致民众在封闭的信息环境中无法对政府实施有效的监督，而政府监督主体缺乏独立性和监督力度，导致政府的监督机制较流于形式。最后，政府自身建设存在短板。在"科层制"管理制度下，政府部门之间难免存在关系错杂、职能相互交错、各自为阵和信息割据等状况，导致政府机构之间存在部门冗余、责任不清的现象，管理活动中存在权责脱节、职责交叉等问题。受如上困境影响，当政府管理事件发生后，问题作为事件源被官方或某些知情者披露，引发民众短时间内大量的聚集和评论，问题不断扩散，负面信息逐渐增多。刺激性信息的出现是引发舆情风险的导火索，一旦关于政府管理的刺激性信息引发了民众的强烈共鸣，此类信息便会非常迅速地在海量信息中脱颖而出，吸引众多粉丝热烈讨论。当民众不满足现有讨论或有其他演化要素推波助澜时，舆情风险便会进一步扩散。

第二阶段，负面信息经过各种媒介传播。互联网环境下的信息超载逼迫民众将注意力进一步聚焦到其认为有价值与意义的新闻事件与信息上来，因此民众的注意力资源是各种新旧传播媒介获得可持续发展的根本动力。一些有噱头的、意料之外的负面信息，经过各类媒体标签化的提炼，可以极大程度地刺激民众眼球，引发民众共鸣，推动民众更加非理性化。各种传播媒介在竞争民众注意力资源的同时，会自发地成为政府管理舆情事件的催化剂与扩散剂，从而使舆情事件在形成的过程中获得更多民众的关注。政府管理舆情事件的各种细节被更多地挖掘，事件涉及的很多内容被重新解读，推动舆情风险影响进一步扩大。

第三阶段，引发民众的普遍关注。政府管理引发的舆情事件在媒体传播的推动下，会导致民众的关注热情高涨，在某些意见领袖的引导下，民众的委屈、不公等情绪得到激发，使舆情事件的波及范围逐步增大，从而形成波及范围更广的社会公共事件。民众在推动舆情事件的发生与演化过程中发挥着多种多样的作用，包括发起人、参与者、围观者等。其中，部分活跃的关键人物是舆情事件的扩散器，他们也被称为意见领袖。在舆情事件的发生与演化过程中，他们通过各种渠道搜集内外部信息，深入披露事件背后的各种细节，熟练使用各种传播工具积极分享给感兴趣的民众，从而吸引更多人的关注，推动舆情民众情绪的持续高涨。民众情绪的持续高涨缘于民众产生了共情心理，共情是人们基于共同的生活经验而产生的共鸣感，它是舆情事件发生与演化的基本前提。刺激性信息经过媒体传播后，提供了一种社会黏性，引发民众的共情感，进而诱发民众的集合行为。民众共情还会整合有关舆情的不同意见，推动极端意见的形成，将舆情热度推向高潮。

第四阶段，政府管控。政府相关部门扮演着政府管理事件发起人及舆情管理者的双重角色，在平息舆情风险带来的负面影响中扮演着重要角色。在舆情事件成为社会关注的焦点时，政府出于维护社会稳定的需要，往往会协调相关部门开展事件调查、向民众披露处理对策并提出改善承诺，舆情热度通常会在政府的有效介入后逐渐衰减。政府在开展舆情披露、引导和处理工作时，需要专职的舆情工作机构的辅助，帮助其完成舆情信息收集、舆情信息研判、舆情服务等。在舆情信息披露机制方面，政府一般会通过新闻发布会、听证会、社会调查等多样化形式汇聚社情民意与专家智慧，积极保障民众的知情权与参与权，把各种复杂的利益诉求与矛盾的处理提到前端，与民众开诚布公，积极沟通，以得到民众的理解。

11.2.2　政府管理舆情演化的影响因素

当政府或媒体首次报道某一政府管理事件时，一定程度上会引起公众的关注，如果此时政府没有及时主动地参与事件之中，则可能会导致舆情的进一步扩大。随着时间的推移，传统媒体和新媒体层出不穷地报道该事件，公众的视线凝聚到该事件中，开始形成舆情讨论热点。如果此时政府还是没有站出来，媒体和公众就开始拷问政府，将矛头指向政府，质疑政府管理的内容、方式、流程等行政工作，质疑政府不作为，导致舆情风险扩大，政府公信力受损，可能会反过来影响政府正常的管理工作（见图11-2）。

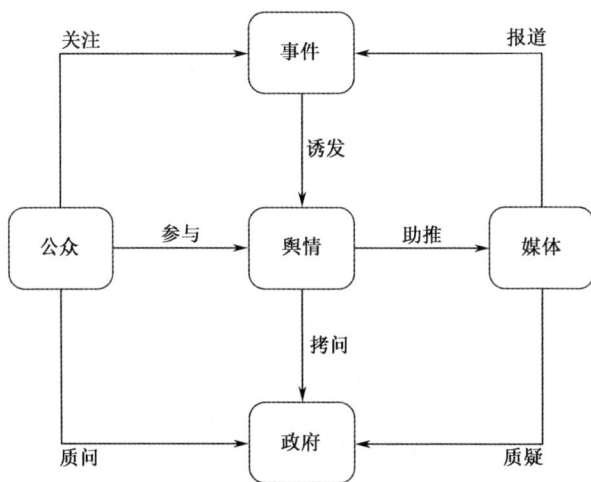

图 11-2　政府管理舆情演化的影响因素

我们认为影响政府管理舆情演化的要素包括政府、媒体、公众和监管部门。

（1）政府的舆情管控能力会影响舆情的演化。政府舆情管理是由政府主导的一种行政行为，其管理方式的不恰当、内容的不合理、程序的不规范都会导致舆情朝负面方向演化。政府舆情管控的结果一方面是对政府作为的拷问，拷问其是否基于合理的方式和规范的程序，是否以公众利益为基点，另一方面是对舆情事件处置能力的检验，检验政府能否担当信息公开、推进科学民主行政、构建服务型政府的重任。所以我们将政府作为影响政府管理舆情演化的主导主体与发布主体。

（2）媒体的舆情传播作用会影响舆情演化。媒体作为信息传播的媒介，对公众有很大影响。我们处于互联网时代，融入社会方方面面的传统媒体及蓬勃发展的新媒体，使社会公众了解政府管理舆情的速率和深度大大提高，获取政府管理舆情的途径和方式更丰富多彩。媒体影响力、媒体倾向度和媒体持续度都会让公众对政府管理舆情的认知产生重要影响，甚至直接使公众对政府产生极大的不信任。所以我们将媒体作为影响政府管理舆情演化的传播主体和评论主体。

（3）公众对舆情的接受程度会影响舆情演化。公众在事关政府管理的舆情事件发生之后，基于自己的认知能力，会有自己的看法和判断，形成对舆情最直接的理解。这种理解会伴随着社交网络逐渐蔓延，形成社会群体的意志，而这种意志很容易受到负面信息的影响，最终可能会导致负面舆情的发生。并且，在公众认知范围内，政府执政内容及其对舆情的管控方式和能力会使公众对政府报以不同态度。所以我们将公众作为影响政府管理舆情演化的接收主体和评价主体。

（4）监管部门对舆情的反应会影响舆情演化。监管部门在监管过程中的执行能力、监管程度、公正程度等都会影响舆情的演化态势，其重要性不言而喻，所以我们将监管部门作为影响政府管理舆情演化的监督主体和评估主体。

11.2.3　政府管理舆情的治理机制

11.2.3.1　政府管理舆情的预警机制

通常情况下，政府管理舆情预警的流程主要包括监测、预测、预报 3 个信息环节。其中，监测是舆情预警的前提，它主要是对可能或已经出现的舆情迹象或者征兆性信息进行观察、监视和记录，以获取舆情先兆信息。预测是舆情预警的关键，它主要采用各种信息分析手段判断已经发现征兆信息的真假与舆情所处的阶段，并预测舆情趋势。预报是舆情预警的目的，它主要是根据预测结果由人工或计算机自动生成各类预警信号，以向社会发布相关信息的回应。

我们将预警流程进一步细化之后可以分为收集舆情信息、分析和评估舆情信息、预测舆情风险、发布舆情警报、制定舆情控制对策 5 个步骤，（见图 11-3）。

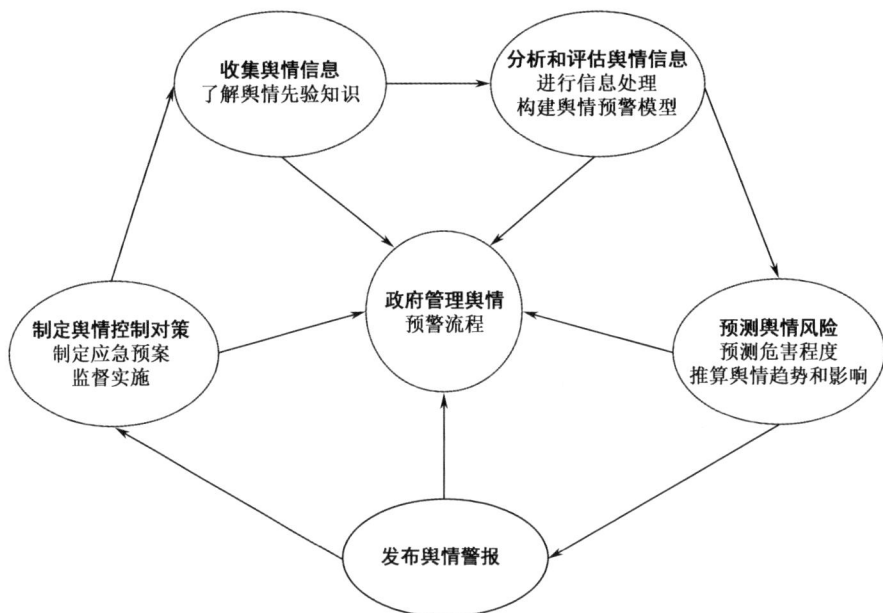

图 11-3　政府管理舆情预警流程示意图

第一，收集舆情信息，通过各种手段和渠道收集各种可能引发政府管理舆情的征兆性信息。这些信息主要包括社会中出现的一些改变和异常现象、政府部门内部存在的漏洞和弱点、（根据以往舆情事件中的经验判断）可能导致舆情反复的事件等。主要的收集来源为报纸、电视、广播等传统媒体，和微信、抖音、微博等新型媒体。

第二，分析和评估舆情信息。对收集来的信息进行甄别和处理，识别有用信息，去掉无关信息。利用定性和定量等多种方法对信息进行分类、鉴别、整理和分析，并结合预警阈值对信息涉及的危机程度进行量化，建立危机预警模型。

第三，预测舆情风险。通过舆情预测模型和临界指标对可能发生的舆情危机及其危害程度进行预测，推算出其发展趋势及其影响。

第四，发布舆情警报。预警人员和机构根据既定预警标准判断各种指标和因素，分析舆情演化的态势是否突破了危机警戒阈，并确定警报等级。一旦突破，则依据法定程序向需要发布警报的地区和人群采取各种可行的方式（广播、电视、报纸、通信、网络、宣传车、上门通知等）发出警报。

第五，制定舆情控制对策。对可能导致政府管理舆情恶化的各种诱因制定危机预案和针对性的处理措施，并督促相关部门加紧实施来避免危机的发生或降低由此带来的各种损失。

11.2.3.2　政府管理舆情的监控机制

政府管理舆情监控是指通过对各类关于政府管理的信息进行汇集、整合、分类、筛选等技术处理，进而形成舆情热点、民众意见、管理事件发展态势等实时数据，以达到预警、防范的作用，并用于决策参考和判断的一种行为。

舆情监控在广义上可以理解为在传统媒体和互联网平台上开展的舆情监控行为，其不针对特定事件，而是作为一种周期性的风评和考量存在；在狭义上理解，则只针对特定时期、特定政府管理事件产生的舆情进行监控，并根据监控结果的反馈，指导后续工作。我们主要讨论如何建立广义的舆情监控机制。

为了优化政府的监控机制、有效应对政府管理舆情，本节认为，政府管理舆情的监控机制必须做到以下几点：从观念建设上予以强化，让政府部门重视政府管理舆情的监控，这是前提；从制度体系上进行完善，确保舆情监控"有法可依"，这是基础；从技术措施上进行完善，实现舆情监控的自动化和智能化，这是保障。

（1）强化政府的舆情监控观念是完善监控机制的前提。首先，政府需要高度重视舆情监管的重要性，要把网络舆情问题当作国家问题和社会问题来认识和对待。网络除了是一种传媒技术，更重要的是代表着一种生产关系和社会结构。和谐社会不仅需要现实世界和谐，更需要网络和谐，因此，管理好网络是构建社会主义和谐社会的重要内容之一。其次，政府需要从被动监管转变为主动监管。被动监管主要通过"封、堵、删"，以及随之而来的惩罚等方式来处理政府管理舆情事件，具有较强的滞后性，常常导致舆情问题不断恶化，缺少预见性。而主动监管主要通过疏导和教育来化解舆情事件。毕竟网络问题的根源还是人的问题，如果仅仅通过简单的物理隔离、"封、堵、删"和惩罚等措施来应对，在特定时期和范围内的确具有一定的防护作用，但从整体来看，它不但不能根治舆情事件，而且还有可能成为舆情恶化的"助推器"。

（2）健全舆情监控的制度体系是完善监控机制的基础。从我国舆情监控现状来看，为政府舆情监控制定法律层面和政策层面的规制是十分必要的，尤其是对于借政府管理事件而故意发布虚假信息、散布谣言等影响社会稳定、破坏民族团结或教唆民众犯罪等网络行为要坚决依法严惩。虽然我国目前已经针对舆情政府监控在法律层面上作了一些阐述，但总体上还不够完善。一是法律法规只是宏观上的描述，而对微观上的操作表述不清，使舆情监控操作性差、执法难；二是涉及的网络言论或网络监管的内容表述都大同小异，没有明确的指向性；三是在对网络舆情政府监管职能划分中存在职能交叉、多头管理的乱象，而且部门之间难以协调。这都导致健全监控机制迫在眉睫。

（3）提高舆情监控的技术水平是完善监控机制的保障。互联网时代，网络舆情所包括的信息量极大，单纯的人工很难对网络舆情信息进行收集和分析，因此，必须借助相应的舆情监控技术手段。首先，政府应加大对互联网安全的政策支持和资金投入，对涉及政府舆情的监控项目进行升级改造。其次，政府应当加大对舆情监控技术人才的培养，建立政府、高校、企业合作培养高素质技术人才项目。除此之外，政府也可以积极引进外国先进的舆情管理技术，结合国内实际情况对技术进行改造升级，使我国的舆情监控技术与国际接轨。

11.2.3.3　政府管理舆情的引导机制

对政府管理舆情的引导，可以从宏观和微观角度采取不同措施和策略。

宏观决策：可以从信息源头、受众、法律和伦理道德几个方面来考虑。

（1）建设政府官方网站，发挥主流媒体作用。通过市场调查可知，网民更愿意选择内容丰富、具有一定权威性的网站来作为信息源。北京大学新闻与传播学院做的实证研究表明，在网络空间，社会孤立的动机并没有消失；网络群体对个人意见的压力方式有所变化，强度相对减弱，但其影响依然不容忽视；从众心理的动因继续存在，从众现象依旧普遍。因此，"沉默的螺旋"并没有从网际间消失，但同时，鉴于网络传播特有的属性和我国现阶段网络媒体受众的文化水平、心智特点等原因，其表现方式也出现了相应的变化。特别是在政府管理事件中，公众最信赖的仍然是主流媒体的声音。从事件发生直至结束，甚至是事件发生前的征兆预警，媒体始终扮演着重要角色，发挥着不可替代的作用。在政务事件的处理过程中，媒体应该发挥政府和公众沟通并共同解决突发公共事件的桥梁作用。因此，建立信息源可靠、面向全社会开放的政府官方网站就显得尤为重要。

（2）开展媒介素质教育，提高公众媒介素养。媒介素养教育也称为媒介教育，简要地说，就是在大众传媒时代，针对多种媒介对人的影响而提出的一种教育思想和方法，它以培养人的媒介素养为核心，使人们具备正确使用媒介和有效地利用媒介的能力，并形成能够理解媒介所传递的信息的意义及独立判断其价值的认知结构。

相关研究表明，在现代社会中，人们的头脑中关于"社会图景"的信息 95%以上是通过大众传播媒介获知的。而这一信息获知的渠道依赖，势必要打上深刻的渠道烙印。在当前网络信息庞杂、虚假信息繁多的传媒环境中，本身素养不高的网民容易迷失在"色彩斑斓"的网络中。媒介素养教育可以培养提高网民正确使用网络和抵御网络不良信息影响的能力。开展媒介素质教育，提高网民辨别真伪的能力，是控制虚假信息、有效引导网络舆情的重要途径。

传播学者拉姆斯丹和加尼斯冷战期间通过实验研究得出结论：正反两方面消息较之单方面消息的优点之一便是，它对后来的说服工作可以建立起更有效的抵抗力。他们认为，接受正反两方面消息的人就像打过防疫针的人一样，对后继的反宣传的"病毒"有一种天然的抵抗力。媒介素养教育能赋予网民完善的知识结构，为网民提供解读媒介信息的正确视角，媒介素养教育的重点在于培养网民识别信息的真伪，让网民不被媒介信息牵制，从而使网民掌握信息使用的主动权。

（3）制定网络管理法律法规。网络立法是净化网络空间、减少网络负面舆情的有效保障。美国参议院通过了《传播净化法案》。新加坡政府则规定，新加坡的 3 家 ISP（互联网服务提供商）和拥有网址的政党、宗教团体和个人都必须在新加坡广播局注册并接受其管理。国外的做法给了我们很好的借鉴，我国政府应当积极主动地支持互联网发展，政府应当关闭不负责任的商业门户网站，并用现代法治社会的通则来规范互联网，参与互联网发展的进程。然而，现有的法律法规仍有待完善，尤其是对于网络言论内容的认定、对于违规行为，特别是违法行为的处罚，仍然显得过于单薄，还需要进一步加强对网络言论实际情况、实际问题的研究，提高某些条文的可操作性。

（4）倡导网络伦理道德。发挥传媒优势，大力宣传《中国新闻界网络媒体公约》《新时代青少年网络文明公约》等网络道德自律规范，加快推动网络文明工程的建设，把互联网塑造成"宣传科学理论、传播先进文化、塑造美好心灵、弘扬社会正气"的阵地。由于网络的隐匿性，传统道德在网络时代发生了异化。网民所奉行弗洛伊德所言的"快乐原则"，他们发表言论时无所顾忌，很真实地表达了其内心的渴望。虽然网民的网络行为是在匿名状态下发生的，但其行为主体终究还是现实社会中真实的个人。个人综合素质的高低将决定其网络行为的文明程度。因此，对现实社会的公民进行相关的道德教育，是防止网络失范行为发生的基本前提。和在现实社会中一样，网民要明确在虚拟网络中的道德需要和道德义务，增强实践网络道德行为的自觉性，从而建设自主型网络道德。正如麦克卢汉所说，由于电力使地球缩小，我们这个地球只不过是一个小小的村落，一切社会功能和政治功能都结合起来，以点的速度产生内爆，这就使人的责任意识提到了很高的程度。加强公民的信念观、道德观、法制观和爱国主义教育，提高全民的思想素质和政治鉴别力；要加强网民的网络文明和网络道德教育，扎实开展文明上网活动，引导网民自觉遵守国家有关法律法规，讲求职业道德和社会公德，积极传播健康信息，自觉抵制有害信息、网络滥用行为和低俗之风。

微观决策：应当从完善保障信息通畅、完善新闻发言人制度、培养意见领袖3个方面来提高政府管理舆情的引导水平。

（1）保持信息通畅。在当前的信息社会，信息透明是沟通引导的前提，否则会形成信息反复博弈，造成虚假信息蔓延，增加引导的难度。我国处理政府管理舆情事件的新闻报道通常以新华通讯社消息为准。当初这样的议程设置有它的合理性，其目的是维护社会的稳定，避免出现恐慌。在互联网出现之前，大众传媒和民众的关系是你播什么我接受什么。但是，随着社会的发展，科技的进步，媒介有了新的变化，信息传播也要采取相应的措施。我们知道，在互联网出现之后，传媒和民众的关系已经发生了翻天覆地的变化。传统的大众媒体并非传播信息的唯一渠道。突发事件发生后，民众可以通过多种渠道了解信息，甚至是信息的"出口转内销"。因此，党和政府应在第一时间多渠道地把信息传递给民众，防止小道消息泛滥和谣言四起，进而避免引发社会不安定，乃至大面积的民众心理恐慌。

（2）完善新闻发言人制度。中国政府新闻发言人提高媒介素养的一个重要表现是要摒弃高高在上的官方姿态和官方用语，向民众语言转变，还要学会使用网络语言。尤其是面对与公共政策有关的政府管理舆情时，政府新闻发言人传播与解读的主要是政府的方针政策，有着深奥难懂的理论性与原则性内容。因而，新闻发言人首先要做的就是将发言内容浅显易懂地传达出来，让民众听得懂、接受得了，这是政府新闻发言人制度能否成功的关键。政府新闻发言人要注意语言使用的技巧，采用与民众大体相近、明白晓畅的语言符号系统来进行沟通与交流；要以平等谦和的态度、真诚亲和的语言来表述，使民众易于理解和接受，起到释疑解惑、辨明方向的作用。传统新闻发布也有互动，但那主要是官员与记者之间的互动，而如今新媒体中参与的互动，往往是民众与党政官员之间的互动，这样的交互传播，真正实现官民互动的无障碍，平衡政治宣传与新闻传播规律的关系，才能取得真正有效的传播效果。

（3）培养意见领袖。微博作为舆情信息的主要传播中心，其舆论场是以意见领袖为中心节点的塔形传播结构，甚至有专家表示，微博时代就是意见领袖的时代。意见领袖起到示范作用的案例不胜枚举。类似云南大理州政府新闻办组织的"全国微博名人大理行"活动，邀请一些在微博上表现活跃的作家、学者和媒体记者参观、游览大理，通过这种方式扩大当地知名度和影响力，这已经成为当前一些地方政府的新尝试。除借助名人明星等意见领袖的口碑传播效应，亲身参与宣传、推广当地城市形象之外，政府可学习其他"网红"的营销本领，与微博、抖音、快手等社交平台开展合作，经常性地举办与民生民情、社会发展问题相关的活动，并在社交平台首页推广，通过线上互动、线下参与等多种方式，来吸引意见领袖的参与。政务类账号应当主动放下身段，以普通公民、网民的身份参与官民之间的平等沟通，这是一种善意的举动，这是一种主动倾听网络民意的举动，借助社交平台"裂变式"的传播效应，势必将调动起意见领袖的"粉丝"参与转发、评论等互动的积极性。在社交平台上，意见领袖往往是被转发和评论次数最多的群体，地方政务微博与意见领袖有效互动沟通，能够使地方政务微博的传播深度提高，从而扩大传播范围，提升影响力。

本章参考文献

[1] 王红森 . 浅析行政管理网络时代如何应对突发公共事件 [J]. 知识经济，2018，(10)：5+7.

[2] 原光 . 涉官网络舆情的地方政府回应研究 [D]. 济南：山东大学，2020.

[3] 冉蔚然 . 大数据背景下的政府管理创新研究 [D]. 重庆：重庆大学，2016.

[4] 高航 . 政府重大投资项目舆情风险治理研究 [D]. 济南：山东大学，2015.

[5] 薛新波 . 政府信息公开的舆情风险评估及对策研究 [D]. 绵阳：西南科技大学，2018.

[6] 董坚峰 . 面向公共危机预警的网络舆情分析研究 [D]. 武汉：武汉大学，2013.

[7] 吴健超 . 大数据条件下我国政府网络舆情监控研究 [D]. 大连：大连海事大学，2017.

[8] 易臣何 . 突发事件网络舆情的演化规律与政府监控 [D]. 湘潭：湘潭大学，2014.

[9] 唐喜亮 . 我国突发公共事件的网络舆情研究 [D]. 成都：电子科技大学，2008.

[10] 吴慢慢 . 新媒体环境下中国政府新闻发言人制度研究 [D]. 南京：南京师范大学，2013.

[11] 史丽莉 . 我国地方政务微博传播效果的影响因素研究 [D]. 成都：电子科技大学，2013.

[12] 新财富舆情中心 . [舆情] 熔断机制生效第一天 A 股两度熔断来"捧场"[EB/OL].(2016-01-05) [2021-9-8]. https://www.p5w.net/yuqing/yqbg/201601/t20160105_1316396.htm.

[13] 刘怡君，王光辉，马宁，李倩倩 . 从数字看舆情 —— 十大舆论实例剖析及应对 [M]. 北京：科学出版社，2017.

[14] 于鹏，邱燕妮 . 全媒体时代公共危机舆情传播路径与演化机理研究 [J]. 中国行政理，2019，410(08)：94-98.

[15] 李凤云 . 熔断机制反思 [J]. 中国金融，2016(02)：63-64.

[16] 韩刚，覃正 . 信息生态链：一个理论框架 [J]. 情报理论与实践，2007(01)：18-20+32.

[17] 刘鹏瑞. 突发事件网络舆情的演化机理及引导策略研究 [D]. 哈尔滨: 黑龙江大学, 2018.

[18] 饶守春. 监管层接连发声: 股市调整到位风险得到释放 [EB/OL]. 2015-09-07[2021-12-8].https://www.gov.cn/zhengce/2015-09-07/content_2925909.htm.

[19] 许晟, 赵晓辉, 宋岩. 证监会: 熔断机制发挥了一定的冷静期作用 [EB/OL].2016-01-05[2021-12-8].https://www.gov.cn/xinwen/2016-01-05/content_5030722.htm

[20] 胡艳芳, 孙艺. 金融网络舆情危机应对 [J]. 中国金融, 2019(23): 79-80.

[21] 李伟权. 政府应急管理中网络舆论受众逆反心理预警机制研究 [J]. 中国行政管理, 2013, (11): 12-17.

[22] 杜洪涛, 王君泽, 李婕. 基于多案例的突发事件网络舆情演化模式研究 [J]. 情报学报, 2017, 36(10): 1038-1049.

[23] 袁媛. 社会化媒体中公共危机事件的传播机制研究 [M]. 北京: 光明日报出版社, 2017.150-165.

第 12 章

重大事故舆情

本章将从对社会造成影响的重大事故角度讲述政务舆情在具体领域的内涵和治理机制。在内容上，首先介绍事故的定义，对重大事故舆情的内涵与特征进行梳理；基于链内演化总结出重大事故舆情的治理机制。

12.1　重大事故舆情的内涵与特征

本节首先基于事故的定义和重大事故的概念来揭示重大事故舆情的内涵，然后对重大事故舆情的特征进行梳理和总结。

12.1.1　重大事故舆情的内涵

对于事故的定义，采用较多的是伯克霍夫给出的定义：事故是人们在进行有目的的活动过程中，突然发生的违反人们意愿的、可能迫使有目的的活动暂时或永远停止，同时可能造成人员伤亡或财产损失的意外事件。该定义有以下几层含义。①事故是一种发生在人类生产、生活活动中的特殊事件，人类的任何生产、生活活动过程都可能发生事故。②事故是一种突然发生的、出乎人们意料的事件。导致事故发生的原因非常复杂，往往包括许多偶然因素，因而事故的发生具有随机性。在一起事故发生之前，人们无法准确地预测什么时候、什么地方、发生什么样的事故。③事故是一种迫使进行着的生产、生活活动暂时或永久停止的事件。因此，事故是一种违背人们意志的事件，是人们不希望发生的事件。与普通事故相比，重大事故除具备普遍性、偶然性、因果联系性、不可逆性、潜伏性、突然性等事故基本特征外，最显著的特征是危害性。危害性是指重大事故的发生必然伴随着重大人员伤亡、重大财产损失或重大环境破坏，这也意味着重大事故是社会和经济稳定发展的重要障碍。

对于重大事故舆情，一种观点认为，它是民众借助网络论坛、网络聊天、博客、微博、维客、电子邮件、网络新闻组等网络工具，围绕即将发生或已经发生的自然灾害、事故灾难、公共卫生和社会安全事件等突发公共事件发布信息所表达出来的社会政治态度；另一种则认为，它是通过新闻报道、网民发表言论等方式来呈现个人、群体及组织在网络空间中发布传播的基于突发事件的含有情绪、态度、意愿、观点或行为倾向的信息。也正是由于重大事故对社会造成的巨大影响，在重大事故发生后，各阶级群体的意见、观点和想法等意识也随之出现，逐渐发酵。而且当今社会信息技术又极其发达，使重大事故一旦发生，有关事故的信息可以通过网络快速传播，形成强大的网络舆情。

12.1.2　重大事故舆情的特征

在网络和大数据等技术的影响下，现代舆情呈现出多种多样的外在表象特征。正是由于这些特征，现代舆情与传统舆情有了显著不同。

第一，重大事故往往在一瞬间毫无征兆地发生，人们很难发现或对其进行预测。重大事故发生后，相关信息大量出现，舆情快速传播，迅速占领社会舆论场。所以其具有爆发性。

第二，由于人们普遍具有的"猎奇"心理，造成损失和影响都极大的重大事故更能引起人们的兴趣，成为人们茶余饭后的谈资。所以其具有广泛关注性。

第三，在重大事故发生前期，人们只知道发生了某个事故，对于该事故发生的时间、地点、原因、波及范围、造成的影响一无所知，来自不同个体的各种分析、猜测使谣言四起，人们无法从中得到确切的信息。所以其具有不确定性。

第四，由于人们对于重大事故的细节了解甚少，不实言论大量累计造成的连锁反应引发了民众对于政府的猜疑，从而威胁了社会的稳定。所以其具有威胁性。

第五，重大事故舆情的发生有好的一面也有不好的一面。及时公开重大事故细节、处理进度并进行积极引导，妥善地处理可以有效提升政府的公信力；但如果对重大事故的发生置之不理，脱离民众使其不了了之，"潦草"地收场则会对政府的公信力造成极大打击。所以其具有两面性。

第六，重大事故舆情所引发的舆情具有一定的衍生性。引起重大事故的涉事主体并非一个，多是牵一发动全身，如果没有正确处理，舆情关注点有很大可能会转移到其他方面，引发次生舆情，形成舆情发展的拐点。所以其具有衍生性。

第七，重大事故的发生大部分伴随着人为因素，重大事故发生后，人们的反思会涉及整个行业或所处的社会背景，甚至会针对某一事件产生"邻避效应"。所以重大事故舆情易引发"蝴蝶效应"。

12.2 重大事故舆情的治理机制

政府应发掘和储备相关人才，完善重大事故舆情管理机构。在平时安排好相应的工作人员，清楚划分工作范围、工作责任，做好适应当地可能发生的事故的舆情预案，做到专事、专科、专人、专办。

12.2.1 重大事故舆情的演化规律

重大事故舆情的形成、消退并不是一蹴而就的，而是一个不断发展的过程，虽然每件重大事故发展的路径并不完全一致，但是根据舆情链内演化角度来看，重大事故舆情演化过程大体上也分为形成、爆发、消散 3 个阶段。

1．舆情形成阶段

舆情形成阶段，是重大事故发生到舆情发酵之间的阶段，由于重大事故刚刚发生，社会各界还没有来得及响应，大多数人还被"蒙在鼓里"，人们对事件的关注度没有达到顶峰。在这个阶段，政府的措施非常重要，及时发现、积极应对便可以顺利度过，一旦应对失误，舆情爆发阶段就会提前到来，甚至引起社会动荡。针对以上情况。

第一，运用技术手段，做好重大事故舆情的监控工作。当今社会处于信息时代，舆情的发现和传播都可以借助先进的技术。通过技术开发，及时掌握舆情的来源、传播途径和发展方向，从而保障治理工作顺利开展。

第二，树立正确的思想，正视社会舆情。当发生重大事故时，如果政府采用"不报、少报、缓报"的处理方式，那么极易造成社会恐慌。在重大事故舆情来临的时候，相关部门要用正确的思想面对舆情、面对危机。

2．舆情爆发阶段

舆情爆发阶段，此时的舆情声音达到高峰，重大事故舆情被推上风口浪尖，受到民众的广泛关注。舆情的爆发是多种因素共同作用的结果，一是包含了民众对于事件真相的渴望，二是包括了民众情绪的发泄。此时政府、媒体、民众之间的互动开始频繁，任何主体都是双向传播信息。巨大的舆情风波对政府的应对能力是一种考验，爆发过程中反映出民众的情绪和观点，这些都可以作为舆情治理的依据。

第一，以民众为中心，深入了解并掌握网民的信息需求和思想动态，解决网民的真实诉求。具体可从两方面入手。①注重舆情信息监测，以便实时掌握舆情动向。可将舆情搜集技术应用于流量较大的平台，如微博、知乎、微信等，将结果用于政府了解民意、制定下一阶段的引导策略上。②保持多部门高效协作。此阶段舆情信息零散，是政府应对的困难时期。由于舆情具有系统性的特点，政府各部门之间加强配合，及时联络权威媒体，再由媒体及时将政府的动向公之于众，以此提高应对效率。

第二，及时遏制谣言。在舆情大规模爆发时，各种信息接踵而至，关于重大事故的细节也是在这个阶段逐渐向社会传递的。民众缺少对事件评估的经验与辨别信息真假的能力，加之个别媒体和网络大 V 为博得关注，往往将事故真相夸大，将"鸡蛋"当成"恐龙"进行报道和评论，极容易造成民众的不安。所以，政府在这一阶段需要加强监测，及时回答民众疑问，遏制谣言，防止造成社会动荡。

第三，做好政府、媒体、民众之间的互动。在舆情治理的过程中，政府、媒体、民众 3 个主体不是完全独立的，三者之间是协调互动的关系，只有三者之间良性运作，才能达到舆情治理的预期效果。由于在爆发阶段民众极度关注政府和媒体的表现，所以三者的良性互动，有助于舆情的进一步化解，使其快速走向消散阶段。

3. 舆情消散阶段

随着政府的不断介入、调控，事件舆情的热度降低，舆情总量大大减少，民众的关注点也逐渐被其他新的事件吸引，有关事件的报道也越来越少。政府相关的工作也接近尾声，民众逐渐接受了事故发生的事实，民众心理从感性转变为理性。这个阶段，民众已经不再想知道发生了什么，而是为什么发生、怎样解决事件发生后的各种问题等。

政府发布的信息需满足民众利益。舆情周期中，深受舆情困扰的政府希望舆情尽快结束，利益受损的民众希望自己的问题可以得到妥善解决。然而民众的平衡又来源于政府，只有政府提出了合理的方案，民众才能给予政府方面达到平衡所需要的条件。所以在消散阶段，政府发布的信息需要满足民众的利益，防止舆情二次爆发。

12.2.2　重大事故舆情演化的影响因素

重大事故舆情的演化主要与 3 项因素有关：①参与主体、客体；②舆情载体；③社会控制能力。

第一，参与主体、客体。马克思主义实践论中的主体是指从事实践活动的人，客体是指人类活动对象的总和。重大事故舆情关联事件多，涉及范围广，会对人类社会中的各个主体产生影响，所以，任何主体对突发事件产生的作用都可能对舆情的走向产生影响，同时各种主体间又会相互制约、相互作用，从而表现出对舆情的合力作用。

在众多参与主体中，首先，政府是重大事故的主要管理主体，因此，政府的公共管理行为及对待舆情的态度，是重大事故舆情的关键主体。其次，是媒体。媒体包含大众媒体，也包含大众媒体下属的网络媒体，同时还包括各种商业网站，如门户、论坛和社交网络等。媒体是重大事故舆情的策源地和扩散器，媒体的议程设置与刻意报道，可以加剧重大事故舆情的发展；媒体对重大事故舆情报道时间越快、评论越多，重大事故舆情的扩散速度越快。最后，是意见领袖和民众。意见领袖是指在人际传播网络中经常为他人提供信息、意见、评论并对他人施加影响的"活跃分子"，是大众传播效果的形成过程的中介或过滤的环节。民众是重大事故舆情的发出者和传播者，作为重大事故舆情的主体因素，其总体规模、内部结构及网络素养等方面都会深刻影响重大事故舆情的发展方向。

参与客体主要包括事件和环境。凡是涉及官员腐败、贫富差距、社会公平与正义、重大人员财产损失事故等事件都有可能成为突发事件，特别是在重大事故中。重大事故的发生往往与"人祸"关联，如因腐败造成的不合格项目过审，企业疏于管理造成的安全生产事故，工人与企业管理者之间的矛盾等。这些事件足够引发民众对社会阴暗面的联想，从而使舆论形势转向，跌入对社会阴暗面的讨论。环境包括普遍社会问题的存在，共同社会情绪的积淀，对社会现状的不满，对阶层情绪的愤慨被长期压抑，现有的价值观遭到冲击，期待相关事件得到妥善解决及追求事件真相的态度等，这些都会导致舆情的反复爆发从而影响舆情走向。

第二，舆情载体。对于普通民众而言，可用的社会资源是有限的。普通民众用来维护自己合法权益的渠道和机制还不够完善，特别是当涉及自身利益时，通过正常的渠道可能很难得到维护。久而久之，各种不满情绪的积淀使民众会主动寻找途径诉说，维护自身权益的同时也会主动监督相关事态的发展，而网络平台则为民众提供了一个很好的渠道。

网络媒介使信息传播的互动性、实时性增强，同时，网络的匿名性、开放性、流动性等特点使民众能够方便地关注到自己感兴趣的话题，发表意见、表达观点，进而和自己意见一致的人集合起来。纵观近年的重大事故舆情事件，可以发现很多社会的不公平现象往往通过网民合理的宣泄和监督而得到有力的解决。尤其是各种自媒体的出现，网民借助各种论坛、社区、微博、微信、QQ 等社交网络自由地发现信息、了解信息和传播信息，网络空间逐渐成为社会敏感事件和关注焦点的聚集地。并且伴随着事态的演化，网络会不断地聚集来自不同领域、阶层的网民的声音，最终形成影响范围甚广的舆情事件。网络空间承载着网民的情绪，各种利益相关者会利用这一平台互动。

第三，社会控制能力。社会控制是社会组织运用社会规范对民众的社会行为加以约束的过程，包括制度控制、法律控制和道德控制等。社会控制能力的强弱将对群体行为是否发生起到关键性的决定作用。

12.2.3　重大事故舆情的治理机制

12.2.3.1　重大事故舆情的预警机制

重大事故舆情的演化受到系统内外多种因素的相互作用，所以很难对其演化的过程和结果进行预测。重大事故舆情反过来又对事件的发展造成很大影响，因此建立重大事故舆情的预警机制是很有必要的。预警机制主要包括以下两个方面。

1．对重大事故舆情信息进行研判

首先，研判应对事实真伪做判断。重大事故发生以后，民众获知的信息并不是重大事故本身，舆论具有基于事实并相对于事实本身的独立性，舆论经过传播，信息往往会发生变异，我们要对舆论的真伪进行判断。其次，应对信息涉及的关系进行研判。重大事故发生后促使舆论发生、演化的原因在于民众情绪、利益的变化。所以在舆情发生时，应研判信息涉及的价值关系、利益关系和情感关系，并根据不同的部门和行业，由专业人员提出应对和化解舆情的办法，或者根据数据库的资料存储，对事件进行归类，并按照以前处理的经验，提出应对策略。

2．对重大事故舆情风险进行评估

重大事故的发生与其引发的舆情往往与以前发生的事故有类似的地方。结合以往的事故舆情资料，对事故舆情的特征进行匹配，寻找本次重大事故舆情与以往舆情相似的地方，研究过往事故舆情的走向，对舆情可能造成的风险进行评估，为预警工作提供相应的支持。同时，对舆情的预警进行明确分级，针对每一级别制定不同的策略，防止舆情定级时出现混乱或标准不一的情况，提高舆情治理的工作效率。

12.2.3.2　重大事故舆情的监控机制

重大事故的发生往往会对经济、社会造成极大的损失，一旦发生就会吸引大量的关注，如果处理不当极易引起舆情危机。政府通过建立完善的舆情监控机制，对舆情大数据进行收集、整理、分析和监控，及时发现舆论热点，研究舆论的演化趋势。这样可以快速地、有针对性地对舆情进行有效的监管和处理。重大事故舆情的监控机制具体包括以下 3 个方面。

1．建立重大事故舆情监测制度

在日常生活中，重大事故并不是经常发生的，管理者容易疏忽对相应舆情治理的准备，制度的建立也不够完善。重大事故发生后，面对潮水般的舆情，"怎么做？"成了舆情治理中的难题。因此，在日常的工作中要做好相应的准备，针对当地政府辖区内的实际情况制定相应的监控制度，提前演练，了解重大事故发生后舆情监控应该用什么方法监控。

2．运用专业的监控技术

如今，网络平台已经成为信息传播的主力，其本身具有的实时性是现有其他传播媒介无法匹敌的。但是，网络平台的信息量已经远超从前，所以需要采用专业的监控技术，运用大数据筛选关键词，分析平台上出现的信息，对重大事故舆情信息进行判断、分类，从而制定应对策略。

3．成立舆情监控小组，研究负面走向

重大事故的发生不仅因为自然因素，大部分还伴随着"人祸"，往往是因为管理者的疏忽才造成了重大事故的发生。也正是"人祸"导致了重大事故一旦发生，社会上就会出现非理性的负面舆论，负面信息的走向影响着政府下一步的舆情治理计划。因此，成立事故舆情监控小组，实时监测舆情，及时反馈舆情问题，研究负面信息走向是十分重要的。

12.2.3.3　重大事故舆情的引导机制

在重大事故舆情的引导工作中，如果开展的质量较好，那么舆情就会往好的方向发展，同时也能够为重大事故的善后处理工作赢得良好的社会环境。

1．政府信息公开

政府对重大事故有关数据的开放主要借助数据科学与大数据技术，以政府所掌握的可公开数据为基础，向社会开放，使数据能够被再次开发，发挥更大的价值。重大事故发生时，因数据更新不及时、流动不畅导致的数据不统一，极容易引起民众对政府能力的质疑，严重的会导致政府公信力的受损，使舆情引导工作陷入僵局。

数据开放机制主要依靠政府建立的数据开放平台进行管理，如各地政府的官方网站、微博、微信等。这就需要各地政府加强对线上平台的建设，及时更新，不让线上平台成为摆设，为民众提供高质量的数据和服务，使民众能通过相应的平台获取自己想要的数据。开放重大事故数据信息专栏，围绕民众关心的热点问题，及时、准确、全面地发布事故信息，有针对性地回答民众疑虑，持续公开政府工作进展和应对措施，接受民众监督，打破谣言、消除恐慌，引导舆情方向。

2．多元协同引导

随着大数据时代的到来，新媒体的普及异常迅速，舆情引导工作的形势逐渐严峻。舆情引导工作的舞台上也不再只有政府，而是一个多元化的大舞台。我们应该在政府主导的基础上，增加多元化主体参与，形成综合治理网络体系。尽最大努力降低重大事故舆情对社会稳定造成的不良影响。

各级政府机构积极互动，建立重大事故舆情领导小组，吸纳相关人才，由上至下确定信息检测收集人员、舆情分析人员、研判人员、引导决策人员，明确责任，上下一致，协力引导重大事故舆情。在互联网上也要实现上下联动，培养一批专职、兼职舆情信息引导工作者，让其充分了解重大事故情况，实现线上线下结合，积极回应民众的问题。

同级政府机构间要积极沟通，加强应急办、公安、医疗、信访等机构之间的沟通合作，及时接收、通报事故细节和处置进度，减少社会上的猜测，让民众放心，引导民众正确看待重大事故的发生和由此引发的社会舆情。

媒体要客观报道，重大事故有关的细节要严格把关、统一口径，避免因媒体的失误造成舆情的异常波动。

3．完善发言人制度

重大事故发生后，新闻发布会是政府对接社会的重要窗口之一。各种官方的准确信息有很大一部分是在新闻发布会上对社会进行公布的，社会上的疑问大多也是通过新闻发布会进行解答的。由此可见，优秀的新闻发布会可以对舆情的引导起到很大的作用。

新闻发布会中最重要的就是新闻发言人，所以，完善发言人制度刻不容缓，设置新闻发布会主发言人，会上主发言人将近期重大事故处理相关的内容传达至民众，对社会上提出的问题进行统一解答，其他出席发布会的人员对主发言人的发言进行补充并回答一些相关领域的专业问题。保证每场新闻发布会的质量，体现政府对于事件的重视，提高政府形象，展示出新时代政府应有的风貌，向民众传达政府积极的态度，有效引导舆情。

本章参考文献

[1]　甄亮.事故调查分析与应急救援 [M].北京:国防工业出版社,2007.

[2]　曾辉.重大生产安全事故因素定量分析与预防干预模式研究 [D].广州:华南理工大学,2012.

[3]　姜胜洪.微博时代突发事件网络舆情研究 [J].理论与现代化,2012(03):47-51.

[4]　康伟.突发事件舆情传播的社会网络结构测度与分析 —— 基于"11·16校车事故"的实证研究 [J].中国软科学,2012(07):169-178.

[5]　王仕.事故灾难事件网络舆情治理的对策研究 [D].广州:广东外语外贸大学,2020.

[6]　杨茂青.事故灾难网络舆情演化和预测及应对策略研究 [D].绵阳:西南科技大学,2020.

[7]　张建秋.事故灾难类突发事件舆情治理研究 [D].兰州:兰州大学,2020.

[8]　杨茂青.事故灾难网络舆情演化和、预测及应对策略研究 [D].绵阳:西南科技大学,2020.

[9]　张建秋.事故灾难类突发事件舆情治理研究 [D].兰州:兰州大学,2020.

[10]　孔清溪等.听舆施政:网络舆情传播规律与实践 [M].北京:中国市场出版社,2019.

[11]　中共中央马克思恩格斯列宁斯大林.马克思恩格斯选集第 2 卷 [M].北京:人民出版社,2013:88.

[12]　吴宜葵.危机传播:公共关系与语艺观点的理论与实证 [J].苏州:苏州人学出版社,2005:207.

[13]　姜胜洪.怎样认识网络意见领袖的作用?[J].红旗文稿,2012(01):38.

[14]　孙炳韶.突发公共事件网络舆情演化过程影响因素分析 [D].哈尔滨:黑龙江大学,2017.

[15]　刘勇.利益差异效能累加:群体冲突的触发根源 —— 以斯梅尔塞的"价值累加理论"为诠释框架 [J].福建论坛（人文社会科学版）,2011(01):150-155.

[16]　焦俊波.突发事件舆论引导机制研究 [D].武汉:华中科技大学,2013.

[17]　郑万军.突发危机事件与网络舆情疏导 [J].情报杂志,2016,35(6):47-51.

[18] 天津港"8.12"瑞海公司危险品仓库特别重大火灾爆炸事故调查报告.

[19] 刘怡君，王光辉，马宁，李倩倩. 从数字看舆情 —— 十大舆论实例剖析及应对 [M]. 北京：科学出版社，2017.

[20] 丁龙丹."东方之星"沉船事件中的舆论引导研究 [D]. 开封：河南大学，2016.

[21] 刘鹏瑞. 突发事件网络舆情的演化机理及引导策略研究 [D]. 哈尔滨：黑龙江大学，2018.

第 13 章

公共卫生舆情

公共卫生事件在互联网上的传播和扩散，往往能够迅速引发网络舆情，成为影响各国政府、社会、企业和个人发展的重要议题。随着民众的公开化表达，网络舆情（潜舆论）逐渐演化形成网络舆论（显舆论），并可能转化为行为舆论，对社会造成更大、更深入的影响。因此，合理应对和治理公共卫生事件网络舆情成为研究的重点。本章主要对公共卫生舆情的内涵与特征及治理机制予以整理和总结。

13.1　公共卫生舆情的内涵与特征

13.1.1　公共卫生舆情的内涵

公共卫生事件是指已经发生或可能发生的、对民众健康造成或可能造成损失的事件。公共卫生舆情是指民众在互联网上对公共卫生事件发表各种观点而形成的态势，涉及社会稳定和国家安全。虽然社会公共卫生事件发生频率较低，但一旦爆发将对民众的生命财产安全造成严重威胁，并引发一系列连锁反应，给经济社会发展带来巨大冲击和负面影响。随着社交媒体、自媒体和新闻媒体的传播报道，公共卫生事件能够在短期内迅速传播。在传播过程中，真实信息和虚假信息相互交杂，可能影响事态的走势和政府的决策，从一定程度上可能影响社会稳定。

公共卫生舆情具有两面性。一方面，它能够增强政府与社会之间的沟通，同时也为科学决策提供支持。另一方面，在网络中，公共卫生舆情可能会放大负面影响，产生"蝴蝶效应"，引发极端情绪和谣言，从而对民众的身心健康和社会的安定与团结造成危害。随着现代化进程的加快，各种不确定和无法预见的风险不断涌现，这给社会转型带来了挑战。在网络空间匿名性、普及性和跨时空性的特点影响下，事件易通过庞大的网民群体传播，从而引发负面网络舆情的扩散效应。此外，舆情还可能进一步引发群体恐慌，加剧社会矛盾，干扰政策实施，影响政府的公信力和社会的稳定。在风险社会和互联网社会相互叠加的背景下，关注公共卫生事件网络舆情危机，分析其现实表现和形成原因，探索舆情引导的治理机制，对于有效应对公共卫生事件，推进网络空间的有效治理具有重要意义。

13.1.2　公共卫生舆情的特征

公共卫生舆情一般具有以下 3 个特征。

一是特殊性。与自然灾害、事故灾难和社会安全事件相比，公共卫生事件直接涉及民众的食品安全和卫生安全问题，与民众的身体健康密切相关。公共卫生事件涉及的人群范围广泛，不受性别、年龄、地区或社会阶级等因素的限制，即具有公共性。网络空间对现实社会的拉动和改造具有强大的加速效应，公共卫生事件引发网络舆情，将局部和偶发的问题演变为全民关注的公共话题。大多数人通过网络了解当前事件的状况，因此公共卫生事件网络舆情的走向会对民众产生心理影响，同时也影响政府的公信力。

二是突发性。公共卫生事件的发生突然而无法预测，具体的时间、地点和受影响的程度也不确定。这种突发性引起了民众对该事件在网络上的广泛讨论。由于事件突然发生，个人和社会无法做好充分准备，从而对民众的心理和认知产生冲击。接着，网络舆情迅速爆发，政府部门可能还没有采取行动，负面社会反应会导致民众恐慌。一系列因素还可能引发连锁反应，使问题更加复杂。

三是自组织性。在网络世界中，民众可以就公共卫生事件发表个人观点和建议。当越来越多的人支持某种观点时，会产生聚集效应，这些人群会形成最初的社会舆情导向。以社交媒体微博为例，某个人出于情绪或利益的考虑，在某一公共卫生事件上发布了一条虚假言论，其他民众可以通过点赞、评论和转发等方式来传播这条言论。通过集体的"转发"行为，协同效应开始发挥作用，话题的倾向性逐渐显现。当转发达到一定数量，并且更多的人相信谣言时，它就成为所谓的"风向标"。

13.2　公共卫生舆情的治理机制

合理控制媒体报道，引导民众舆论情绪正向发展。随着互联网的发展，新兴的技术手段造就了新一代的信息传播环境。在注意力匮乏且难以集中的现实环境下，碎片化简约式的传播形式成为民众了解周围事物的最佳方式，社交媒体也成为民众参与社会事件、发表个人观点的普遍场所。因此，对媒体报道的控制应尽可能加强，并提高低受教育程度群体分辨网络信息的能力，引导民众理性使用互联网，科普更多卫生知识，避免民众盲目跟风、从众发表网络言论。另外，公共卫生相较于其他话题更易引起恐慌情绪和消极反应。引导民众正确抒发情绪、避免恐慌消极情绪扩散、建立积极正向舆论环境和维持社会安全稳定至关重要。识别民众恐慌情绪在"潜伏期—爆发期""爆发期—消退期"这两类临界转变的关键影响因素，可以帮助政府及相关媒体在进行信息发布和民众回应中有所侧重，以便于在民众恐慌情绪转变的不同阶段采取更合理有效的情绪引导和干预策略，降低民众恐慌情绪对整体社会及民众心理健康的影响，从而实现对民众情绪的正向引导。

加强公共卫生网络科普，提升全民应对能力。由于网络技术的高速发展，科普的方式呈现出多样化的趋势，越来越多的研究人员将目光投向了新兴的科普方式——网络科普，如微信科普、抖音科普等形式。相比于其他方面，民众更看重科普文章的科学性和阅读体验，网络科普既要遵循科学的信息组织逻辑，同时要保证文章的图文疏密组织合理，还要保证网络科普的内容通俗易懂，更方便民众接受，防止民众因理解困难而造成科普效果减弱。除此之外，还要提升网络科普的权威性和规范性。科普内容在保证吸引力的同时应当具有准确性，提升科学严谨性，不论是官方还是非官方主体都应当在网络科普传播中注重专业科普内容的来源，注明参考文献和原始数据的出处，行文具有规范的学术范式。公共卫生科普具有增强民众科学认知、培育民众科学精神、规范民众行为方式等方面的价值。在降低恐慌、预防疾病方面具有相当可观的作用。

提升政府舆情治理能力，构建网络舆情回应体系。在网络舆情发酵的过程中，信息会脱离事件本身而产生独立性，从而使信息具备自我解释性、自我复制性，形成内在强化的循环。因其复杂性，在网络舆情传播中，对信息的治理是政府治理能力的重要体现。随着网络舆情的发展，可能会出现一种结果——"信息内卷化"。这一结果会造成网络舆情事件的治理失衡甚至失控。"信息内卷化"的内在影响因素及其因果链条能够有效剖析各因素之间的因果机制和生成路径，研究结果也能够为政府有效回应提供可行性方法，从而寻找有效破除"信息内卷化"的方法，打破信息内卷的内在复制机制，最终提升政府的网络舆情治理能力。

加强舆论监督，设计科学的社会评估体系。在互联网的背景下，要注意舆情监测，遏制网络谣言，并且警惕由负面的次生舆情引起的讨论。意见领袖要发挥其引导作用，尤其在舆情的快速上升期和集中爆发期，避免负面情绪扩散化。同时，应设计重大项目社会稳定风险评估指标，充分考虑当前社会发展的主导性特征及影响当前社会稳定的主要因素。坚持五大原则（源头治本、预防为主原则；科学、民主决策原则；合法、合理原则；权责统一原则；公平与效率并重原则）才能设立科学的社会稳定风险评估体系。

本章参考文献

[1] 习近平.高举中国特色社会主义伟大旗帜　为全面建设社会主义现代化国家而团结奋斗 [N]. 人民日报，2022-10-26(2).

[2] 张记刚.网络突发公共事件中的舆情共振研究 [D]. 南昌：南昌大学，2023.

[3] LIU，P L，L.V. HUANG. Digital Disinformation About COVID-19 and the Third-Person Effect：Examining the Channel Differences and Negative Emotional Outcomes[J] Cyber psychology Behavior and Social Networking，2020. 23(11)：789-793.

[4] 王晰巍，毕樱瑛，李玥琪.社交网络中意见领袖节点影响力指数模型及实证研究 —— 以自然灾害"7·20"河南暴雨为例 [J]. 图书情报工作，2022，66(16)：24-35.

[5] 王晰巍，李玥琪，邱程程，等.突发公共卫生事件下网络谣言传播逆转模型及仿真研究 [J]. 图书情报工作，2021，65(19)：4-15.

[6] 李晚莲，聂俊婷.突发公共卫生事件网络舆情演变的研究 —— 基于2008—2015 年相关文献研究 [J]. 中国农村卫生事业管理，2015，35(09)：1135-1138.

[7] 李青，李稳.新型冠状病毒肺炎疫情下公共卫生科普的价值与路径 [J]. 医学与社会，2020，33(12)：16-20.

[8] 姚乐野，吴茜，李明.新冠肺炎疫情微博舆情传播的网络结构分析 [J]. 图书情报工作，2020，64(15)：123-130.

[9] 黄仕靖，吴川徽，袁勤俭等.基于情感分析的突发公共卫生事件舆情时空演化差异研究 [J]. 情报科学，2022，40(06).